者來訊

沉默的證據

自殺？謀殺？隨法醫的解剖刀來一趟重口味之旅

王朕乂 著

屍檢，傷口，體液，血液，咬痕

一把小小的解剖刀，還原各種光怪離奇的犯罪現場，
明知道這是一場重口味之旅，你還要不要上車？

目錄

第一篇、
法醫的無聲搭檔
—— *無語良師*

第二篇、
生物課開講啦
—— *鑑定人體身分的鑰匙*

第三篇、
惡之殺器迫近
── 損傷剖析

第四篇、
不能亂講，也不要亂吃
── 中毒鑑定

亡者來訊 沉默的證據
自殺？謀殺？隨法醫的解剖刀來一趟重口味之旅

第五篇、
我們還會再見面

序言

任何接觸都會留下痕跡

讀著本書，不禁想到一個問題：破案和科學探索，有共通之處嗎？

2002 年，英國皇家化學學會做出了一個匪夷所思的決定：授予夏洛克·福爾摩斯為該學會特別榮譽會員，以表彰他將化學知識應用於偵探工作的業績。在倫敦貝克街的福爾摩斯雕像前，學會還鄭重其事的舉行授予儀式，引發了人們的特別關注。

這無疑是柯南·道爾（西元 1859-1930 年）的《福爾摩斯探案集》問世一百多年來，一股福爾摩斯熱潮在新時代的延續。

的確，福爾摩斯留給世人的印象太深刻了。是作家筆下精緻的描述和「真實」的幻境，成就了一位傑出且廣受歡迎和喜愛的虛構人物。

「在探案過程中，我是最後、最高的上訴法庭。」在《四

個神秘的簽名》中，這個總是料事如神、多少也有點自戀的大偵探這樣誇耀。在他看來，探案應當是一門嚴謹的科學，而人們也應當以同樣冷靜和非情感的方式來對待探案。在《瑞蓋特村之謎》中，他開導他的助手華生說：「偵探藝術中最重要的是，能夠從一些事實中分辨出哪些是偶然的因素，哪些是重要的因素。」在《綠玉皇冠案》中，他提出：「當你已經排除了一切不可能之後，其餘的情況無論多麼的不可能，卻必定是真的。」

柯南·道爾承認，福爾摩斯的原型來自於他在蘇格蘭愛丁堡大學攻讀醫學時的一位老師——約瑟夫·貝爾。貝爾借助其敏銳的觀察總能迅速鑑別出疾病並能猜出病人的既往生活史，常常令他的病人和學生感到非常驚訝。由此可見，《福爾摩斯探案集》中的案件和「想像」，是有一定的生活與科學基礎的。晚年的柯南·道爾到埃及旅行時，驚訝的發現開羅警方居然把福爾摩斯的冒險故事當做偵探教材使用。長期以來，歐美一些警察學校也常常選用福爾摩斯的破案事例，讓學生學習，並作為考題。看起來這些也都不足為奇。

甚至，有人還把並不真實存在的福爾摩斯視為「刑偵科學的先驅」，因為在破案過程中他不僅運用了邏輯推理，而且還應用了科學原理和科學方法。他是以推理戰勝武斷和直覺，以證據排除謊言和偽證。據說，法國犯罪學家、法醫科學的先驅埃德蒙·洛卡德（Edmond Locard，西元 1877-1966 年）就是根據福爾摩斯故事中所提倡的方法——對顯微證據的檢查，建立

了司法證據科學。洛卡德的那句名言——「任何接觸都會留下痕跡」，適用於司法證據科學的所有領域。

其實，刑偵科學本身，就是在同犯罪鬥爭的過程中發展起來的。自 18 世紀中期起，科學第一次把興趣投向犯罪現場勘查分析；19 世紀中葉，法醫學悄然誕生，科學又被一些傑出的法醫接納為偵破案件的手段；而人類隨後取得的更大程度的科技進步，已促使刑事案件中「人證」這一司法證明的頭把交椅，讓位於「物證」（即今天我們所謂的「科學證據」），司法活動從此進入到「科學證明」的時代。從某種意義上講，福爾摩斯就是一位透過仔細研究證據以及邏輯推理，來解決犯罪案件的偵探兼科學家。

在西元 1887 年發表的首篇福爾摩斯探案故事《血字的研究》中，福爾摩斯向華生吹噓說：「只要瞧一眼菸灰，我就能夠辨別出任何已知品牌的雪茄或者香菸。」這當然有點誇張。不過，如今借助精密的儀器和分析方法，刑偵專家已能了解越來越多的物質及其特性。例如，他們可以從一輛汽車的反光鏡和油漆碎片中，辨別出汽車的牌子與生產年分；即便汽車的引擎號碼被磨光，也仍然能用化學方法將其還原。再如，刑偵專家還可以從頭髮中檢測出多種藥物和毒物。如果頭髮足夠長的話，甚至可以檢測出服用這些藥物或毒物的時間；如果受試者是禿頭的話，也可以從他的汗毛中得到滿意的結果。

一位犯罪學家曾在報紙上發表文章：「柯南・道爾發明的

許多方法今天都在科學實驗室中得到運用。夏洛克·福爾摩斯將研究菸灰作為業餘愛好，這是一個新的想法，但是警察立刻認識到諸如此類的專業知識是多麼重要。如今，每一個實驗室都有這麼一個工作台盛放多種菸灰……不同的泥漿、土壤也按照福爾摩斯所描述的方式進行分類……毒藥、筆記、血跡、塵土、腳印、車轍、傷口形狀和位置、密碼理論，所有這些以及其他好方法——它們都是柯南·道爾想出來的——如今在刑事偵查中扮演了重要的角色。」

前面提到的洛卡德，是法醫學發展史上的一位重要人物，他曾經擔任過法國里昂大學的法醫學教授，並在 20 世紀初建立了世界上第一個法醫科學實驗室，第一次應用科學原理和科學方法對犯罪現場的物證（指紋、血液、塵土等）進行系統的研究，其設備包括一台顯微鏡和一台用於分析樣品化學組成的分光鏡，這在當時未免失之簡陋。有意思的是，洛卡爾打小就愛讀柯南·道爾的偵探小說，是個不折不扣的「福爾摩斯迷」，對福爾摩斯的景仰也正是他選擇未來職業的原動力。

多少年來，犯罪與偵查，恰如「魔」與「道」鬥法——魔高一尺，道高一丈。科學「福爾摩斯」有了法醫學和其他諸多刑偵利器，可以檢測到並獲取越來越細微的犯罪證據，成功率也越來越高。特別是，指紋自動辨別綜合系統、中子活化分析、聲紋鑑定法、DNA 分子檢測技術、電子掃描顯微鏡……都是福爾摩斯那個時代聞所未聞的科技手段。然而，另一方面，利用電腦行竊、跨境洗錢、信用卡詐騙、借助核輻射殺

人……這些所謂的「新型犯罪」也越來越多，犯罪手段中的科技含量也在不斷提升。

本書所介紹的各種類型的案例，明顯打下了鮮活的時代印記，而且提供了更詳實、更豐富的科學闡釋；輔以作者生動、幽默的筆觸，全書讀來饒有趣味，也令人回味。它在娓娓道來中提示我們，法醫和偵探用於破案和查明真兇的主要方式——觀察、實驗和推理（思考），實際上跟各個科學領域的科學家探索真理的手段並無二致。他們都是用「證據」說話，都是科學和理性的踐行者。

今天，法醫學已經發展成為一門精準的、以探究為基礎的實驗科學。它涵蓋了化學、物理學、生物學、地理學以及生理學和解剖學等多個門類的知識，而且，這些學科領域在具體的法醫實踐和案件偵破中往往彼此關聯、相互依賴，具有很大的融通性。以此來看，對法醫學和法醫們的工作多一些了解，有助於增進我們對多學科融會貫通的理解，而對科學原理和科學方法之應用，亦會有更深的感悟。也正是從這個意義上講，本書頗有科普價值和閱讀品味，我樂於向讀者朋友推薦。

是為序。

尹傳紅

亡者來訊　沉默的證據
自殺？謀殺？隨法醫的解剖刀來一趟重口味之旅

前言

法醫──犯罪證據鑑定科學家

刀，是許多行業從業者不可或缺的代表性工具，如屠刀代表屠夫、菜刀代表廚師、剃刀代表理髮師、修腳刀代表足療師、手術刀代表外科醫生、刻刀代表雕刻家……那麼解剖刀或許可以代表法醫了。

法醫學是近代刑偵當中必不可少的部分，但法醫的研究內容往往充滿了神祕而恐怖的氣氛，讓人不由得望而卻步。但是我堅持認為，知識本身是無善惡好壞的，如果你想對法醫學有個初步的了解，不妨先看看這本書，我會用盡量搞笑的筆法來講述一些嚴肅的故事。

法醫學涉及的內容非常廣泛，這本書中涉及的只有冰山一角，包含了死者表面的自然變化、身體上能區分身分的生理特徵、各種傷痕的辨別方法、中毒的特點表現、不同死亡方式的特徵，其他還有很多很多是本書中沒有講到的，如果這本書能受到大家的喜歡，我有可能寫第二本，講其他你不知道的知識。

閱讀本書有兩點需要注意，第一，在沒有專家指導的情況下，禁止拿一切現實中的人或動物做實驗！第二，別光顧著笑誤解了知識點。好了，膽小的朋友請打開所有電燈，或者叫上你的朋友，來學習法醫在解剖刀下的知識。

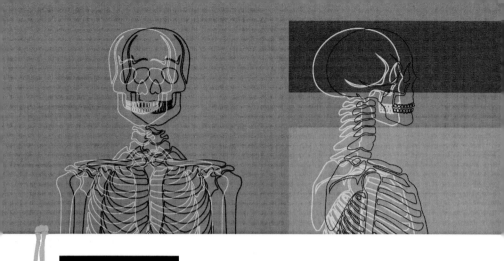

第一篇、
法醫的無聲搭檔
—— 無語良師

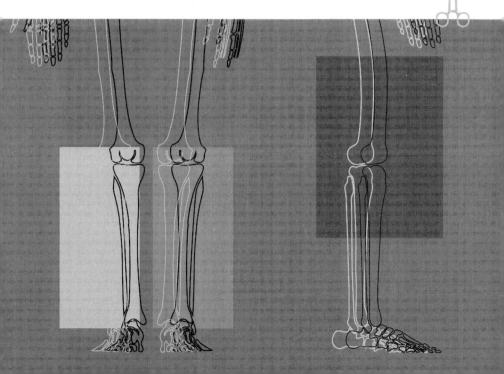

要不要帶護身符？
——先看殭屍都有什麼樣

　　作為地球上的一種生物，我們必須面對一個事實——地球上所有的動物都是有壽命的，「靈龜雖壽猶有竟時」，更何況普通的人類？每天都有很多人死去，導致殯儀館也成為一個非常忙碌的場所，甚至每天都要排隊叫號。而人類的死亡方式，也不盡相同。什麼叫死？接下來這段話我將細細說明這個重口味的問題。

　　死亡的定義主要有三種分類：臨床死亡、生物學死亡和腦死亡。臨床死亡，說白了就是「醫生說你死了，你就死了」。我是很嚴肅說這句話的，因為臨床死亡並沒有統一的標準，世界各地都略有區別。一般情況下，醫生根據機體停止心跳、腦波活動和呼吸停止，之後瞳孔擴大、體溫變低、腦幹脊髓等神經反射消失，就判斷其死亡了。不過也有些國家的醫學家不認同這種判斷方法，例如日本人就發現這些都停止後，腦垂體還能奇蹟似的有點活動，這人還不算是完全死亡。生物學死亡很簡單，就是所有細胞都停止活動了，如果真是這樣，那就澈底沒救了。腦死亡，就是通常說的「腦幹失能＋植物人」，這種人除了像植物人那樣無法活動之外，腦電波也是一條線，沒有任何反射活動，連自主呼吸都做不到，聽上去和死透了的差別也不大了，腦死亡也是不可逆的。不過，不管是哪種死亡，反

正死了就是死了，接下來請隨我來到實驗室。

死後，身體會變成什麼樣？木乃伊？喪屍還是殭屍？

人死後絕對不會變成任何還能自由活動的狀態——幽靈、喪屍之類的東西目前還和尼斯湖水怪一樣存在於傳說中，木乃伊和中國殭屍倒是可以在某些博物館裡見到，但很可惜不會動，更別說像參加真人秀一樣追著人奔跑了。

大部分人在去世後身體會自然腐敗，自然腐敗的過程聽上去比較驚悚，為了不嚇跑剛打開本書的朋友，我們決定先說一些不那麼恐怖的屍體，它們就是個別還能保持一些人樣的幸運者。為什麼這些個體會這麼幸運呢？想深入了解這些，可以借鑑你家裡儲存生肉的那些方法。這時候，如果你手裡還拿著一把小小的解剖刀的話，唯一的作用就是壯膽。

接下來，讓我們走進那些能保持較低腐爛度的屍體，包括凍屍、乾屍、泥人、標本……其實你家裡都有。

首先來個口味清淡的，向大家介紹一下乾屍。世界上最有名的人工乾屍就是古埃及的木乃伊了，鑑於對未來的美好期望，對親人的愛，古埃及人用複雜的方法製作木乃伊，以便安慰自己。古埃及人用於防腐屍體內部的藥物主要是碳酸鈉，也就是我們常見的蘇打粉，是天然鹼礦的主要組成部分，在很多岩石表面都可以找到這種白色粉末。由於它有吸水的特性，所以可作為一種乾燥劑。至於木乃伊的外部，會被塗上瀝青，並

且纏上布條，這就做成了我們常見的木乃伊。

這些人為加工過的屍體並不是法醫經常能遇到的，在大自然中，也會形成很多天然的不腐屍，具體原理和人類做各種不容易腐爛的肉食基本一樣。自然界中存在「風乾肉」、「醃肉」、「凍肉」等，下面我們就來一一介紹。

乾屍保持的原理和木乃伊類似，都是靠脫水來抑制細菌生長。在沙漠中死去的人，由於面對高溫和劇烈的空氣流動（狂風和沙塵暴等），很容易快速脫水，最後處於靜止的平穩狀態，使屍體保存下來。雖然根據研究，乾屍體內的器官受到體內本來存在細菌活動的影響，會有不同程度的破壞，但是也會由於環境惡劣而較早停止腐爛。在中國新疆和內蒙古的戈壁灘上，有時就能看見自然風乾的古屍，著名的有樓蘭古屍、吐魯番古屍等，甚至還有疑似近代探險家彭加木的乾屍。我也在戈壁灘上見過保存較為完整的乾屍，不過是羊的。乾屍至少體表還是相對乾淨的，和接下來幾種比起來，絕對可以稱得上是小清新了！

生活中除了風乾肉之外，醬醃肉也是不容易腐爛的食物，大自然也有「醬醃」屍體。在一些溫度較低、空氣不流通的酸性泥沼中，腐敗菌的生長繁殖受到抑制，腐敗變慢或停止下來，容易形成一種被稱為「泥美人」的屍體，又被稱為「鞣屍」。這種屍體的皮膚變得緻密，好像皮革，骨骼和牙齒的鈣質被酸性泥沼溶解，骨骼變軟如同軟骨一樣，非常奇特。除了

酸醬之外，根據沼澤不同的化學成分，還有鹽沼、鹼性沼澤等，來保存一些沉沒其中的屍體。由於需要特殊的沼澤環境，東亞這類屍體較少，僅發現一例，即中國上海浦東東昌路明代古屍。地勢低窪的歐洲卻有不少沼澤中的不腐屍體，尤其是北歐，沼澤古屍更被當做魔鬼一類。

　　還有一種另類的「醃肉」是「蜂蜜醃肉」，具體做法可以借鑑港式叉燒，我在此文中不做過多描述。由於純蜂蜜的糖度極高，不含任何水分，沒有哪種細菌可以在其中生活，所以蜂蜜醃製的屍體也可以達到幾百年不壞。在古代埃及等地，傳說有一種把死囚泡進蜂蜜中淹死的刑罰，或者是讓人臨死前只吃蜂蜜，排泄乾淨之後，等待其死亡後將其放入盛滿蜂蜜和樹脂的棺材中，他們的屍體可以永遠保存。在泡了上百年後，把屍體從棺材裡拿出來！因為阿拉伯人把蜂蜜醃製的古屍宣傳成一種名貴的藥材，不管是吃蜜漬人肉還是喝泡屍體的蜂蜜都有療效，甚至 18 世紀還在歐洲貴族中流行過一段時間。看來古人也很接受某些看似重口味的推銷啊。據說蜂蜜泡屍體的藥方來自中國──因為中國的很多古典醫術中，也記載過蜜漬屍體入藥的方子。至於有沒有療效，那只能是誰吃誰知道。不過話說回來，比起上述的那些不腐古屍，蜜漬屍的數量非常少。

　　凍屍的出場率也很高，它們是在雪山上能時不時被發現的不腐屍體，最著名的就是阿爾卑斯山上的冰人奧茲──一具可能超過五千年的古代人類屍體。凍屍的基本原理和冰箱類似，就是用低溫抑制細菌的繁殖。凍僵的屍體和活人是最接近的，

甚至剛凍死的人還有機會復活，只是成功的機會微乎其微，因為身體的每個細胞都含有液體，這些液體結冰後會膨脹，很容易脹破細胞，形成不可逆轉的損傷，尤其是脆弱而水分豐富的腦細胞，一旦脹破就無法恢復。所以我們觀察解凍的屍體時經常發現，雖然外形保存得非常完整，但是眼珠子不見了，只剩下兩個黑漆漆的窟窿。那是因為眼球中主要成分也是液體，脹破以後再解凍，就隨著水流損失掉了。

古中國人也希望死後屍體能達到不腐爛的效果，但是又對死者非常尊敬，無法做到古埃及人那樣將本來已經安息的親人來個大開膛，覺得那簡直是太殘忍了。於是他們就在棺材上想辦法——有些樹木質地非常好，不容易開裂，也不容易發霉，更像塗了牙膏的牙齒一樣沒有蛀蟲。如果把屍體放到這樣的棺材中，應該就沒問題了。常見的優質棺木有梓木、柏木、杉木等，當然還有大名鼎鼎的金絲楠木，不過這些木材都很貴，基本上已經到了有價無市的地步，古代的普通老百姓是用不起的。

將屍體密封在一副好棺材裡頭，棺材內便會呈現一個與世隔絕的缺氧缺水狀態，各種細菌和真菌很難繁殖，從而達到長期不腐爛的效果，形成一種叫做「溼屍」的特殊屍體。隨著時間的推移，有些水分會滲入棺材當中，形成棺液，這樣會使屍體變軟，更加有栩栩如生的「特效」。世界上首次被發現的古代溼屍，即馬王堆出土的女屍——辛追，就是憑藉這樣的技術而保持不腐。關於辛追的具體研究足夠寫成一本書，在此只簡

要說明一點：辛追能達到這種效果的關鍵點是密封深埋導致的恆溼恆溫、缺氧無菌。

至於古代是否會有專門的防腐棺液在下葬前注入棺材，以及棺液的具體配方，學術界還存在很大爭議。棺材的效果如同罐頭，也能保持較長時間的「新鮮」。如果你還是無法想像，那就看看你家有沒有用蛇或者壁虎、海馬泡的藥酒，對了，那也是一種標本，馬王堆的辛追女屍差不多就是那樣。

判斷屍體的類型，對於法醫來說非常重要，如果發現一具疑似「一年前」的屍體，結果是一千年前的，警察叔叔不就白忙一場了？那麼，如果不做任何處理，也沒有大自然的極端環境，讓死者身上的「小生命」自由自在野蠻生長，會出現什麼狀況呢？

失去生命的身體如何變化

屍體腐敗的過程讓人想起來就會覺得很恐怖，不過別擔心，我會盡量用歡樂灑脫的語句來描述這個過程。如果你此時正身處法醫實驗室中，建議你把手裡的解剖刀交給旁邊的專家，免得一緊張刺到自己。

人體（當然也包括大部分動物）在失去生命活性之後，即使沒有外界的昆蟲和微生物入侵，自己的內部也在醞釀著造反了。由於心臟停止跳動，人體細胞失去供血，大腦作為耗氧量最大的器官，腦細胞會在幾分鐘之內死亡，其他的細胞有些會存活好幾天，但是大腦死亡了，其他細胞也無力回天。人死後一分鐘，皮膚顏色就會因為血液不流通而變化，全身的肌肉也呈現放鬆狀態。由於沒有血流，自然也就沒有血壓，死後四五分鐘，放鬆的眼球會因此變得扁平，瞳孔擴大，此時眼睛看上去像是玻璃的「晶體」。

　　古代中醫經常會說某些疾病是由心火、肺火、胃火等引起，這些只有華人才有的比喻很有意思，推測人死後，這些火也都一起滅了，人體無法像之前那樣保持恆定體溫了。根據相關統計，活人「口腔溫度平均值為 37.19℃，正常浮動範圍為 36.7℃～ 37.7℃；直腸（肛門）溫度平均值為 37.47℃，正常範圍為 36.9℃～ 37.9℃；腋窩溫度平均值為 36.79℃，正常範圍為 36℃～ 37.4℃。」一般測體溫都測這三個地方，人去世後會用特殊的屍檢溫度計插在腎臟等器官上測定。有耐心的研究者測定，人去世後，由於體溫還能以傳導、輻射、對流和水分蒸發等形式擴散到外界，人體會以平均每小時 0.8℃（具體還要考慮當時的環境溫度）的速度降溫，直到與外界環境溫度相等。同時，身體也開始僵硬（專業詞彙稱為出現「屍僵」），關節無法彎曲，整個體表變得像木頭或者硬橡膠一樣，這就是人們常說的「死人手指掰不開」的殭屍階段。成為殭屍後，就

算替他穿上鋼鐵俠的自動盔甲，他也無法做出正常人的動作了，更別說出現詐屍後跳著追人這類高難度動作。

一般來說，周圍溫度越高，屍體僵硬越早，之後僵硬消失得也越早，反之，僵硬出現得晚，消失得也會更晚。不同年齡的死者僵硬程度也會不一樣，老弱病殘幼的個體因為肌肉不發達，所以僵硬出現得早，消失得也早，這或許可以解釋《植物大戰殭屍》裡頭的看報老漢殭屍和小鬼殭屍為什麼跑得比較快。至於那些從來沒鍛鍊過的小嬰兒，有時在死後 10 ～ 30 分鐘即可發生屍僵。成熟嬰兒的屍僵較明顯，那些細嫩得如雞蛋白一般的未成熟嬰兒屍僵較弱，持續的時間也短，所以有時甚至不易察覺。而肌肉越發達，僵硬出現得就越慢，看來平時多鍛鍊身體還是有好處的呢。另外，如果是因為觸電、重病、中毒等原因死亡，由於肌肉蛋白質變性，所以屍僵會出現得更晚也更弱，但是因為上述肌肉變性而突變為超級英雄是絕對不可能的。

屍體僵硬通常從咬肌開始，通常死者的顏值在這時候就開始降低了。接著僵硬現象會逐步往下蔓延，一直到腿部。不過在常溫狀態下，屍體的腐敗還會繼續，僵硬狀態在 24 ～ 48 小時後會緩解，如果不加以處理，有些部位甚至會達到柔弱無骨的效果，這時候如果能動，那就可以當瑜伽大師了。三天至一週之後，屍體的僵硬現象會澈底消失。寫到這裡，我真的很佩服發現這一現象的那位科學家，能讓屍體在常溫中放一週，膽子也是很大，我真心希望他只是在觀察死老鼠。不過，其實這

都是「小 case」，專家更拼的行為還在後面。

真實情況是，自 1971 年起，為了研究屍體腐敗的過程，美國三所大學（西卡羅萊納州立大學、田納西大學諾克斯維爾分校和德州大學聖馬科斯分校）特地成立了所謂的「屍體農場」，以無人認領和捐助的屍體為研究對象，專門研究屍體的腐敗過程等問題。在此，非常愛吐槽的我也不好意思吐槽了，只能為那些在這裡工作的人們獻上我的膝蓋，感謝他們為法醫學做出的貢獻。

說了這麼多，好像還沒有提到屍體是怎麼腐敗的。堅實的堡壘最容易從內部打破，屍體腐敗並不是從表皮開始，而是從內部。死亡兩三天後，腐爛由腹部開始，而造成腐爛的元素，曾經都是人類不可或缺的盟友。我們每個人胃裡都存著大約一公升的危險液體，這就是胃酸，主要成分是鹽酸，只要你吃東西，這東西就不斷分泌，一旦胃酸罷工，你就會消化不良，胃酸連金屬都能消化（為了生命安全請勿吞鐵做實驗），但是為什麼不會消化自己的胃呢？答案就在胃黏膜，胃黏膜就像胃裡的衛兵，時刻保衛著胃囊的內壁，它們是不怕酸的，在它們的守衛下，胃酸就只能乖乖切菜（弄碎食物）了。

胃黏膜壽命很短，要經常更新，不斷由胃的內壁細胞製造新的黏膜。可是人一旦去世，胃黏膜自然也無法再生成，沒有了保全，這群危險的胃酸勞工就開始造反了，先衝破胃壁再說！

接下來的過程不用我多描述，衝破胃壁的胃酸彷彿一支超能力部隊，神擋殺神，佛擋殺佛，我們連鐵釘都能消化，還在乎幾塊不新鮮的肉嗎？

腸道中的消化液也不甘示弱，本來用於分解食物的消化液此時此刻全都按捺不住，胃液和腸液以及其他所有消化液的造反過程，在法醫學上有一個專業詞彙，叫「自家消化（autolysis）」。腸道中的細菌種類也十分豐富，在人活著的時候，它們可以說和人是共生關係，在幫助人類消化吸收這方面功不可沒，可是人一旦逝世，這些細菌也不再那麼乖巧，反手就開始瓜分老朋友的肉體。因此，在死後數小時，細菌就能透過分解蛋白質等有機物，產生硫化氫（臭雞蛋的氣味）、氨氣等有異味的氣體。

人口腔裡的細菌也是數量眾多，常見的就有六百多種，總數則超過了地球人口。這些細菌當然也不甘寂寞，順著口腔到鼻腔、耳咽管（eustachian tube），再和這裡的細菌兵合一處將打一家，先攻下附近一顆大軟柿子再說！至於這顆大軟柿子，當然就是曾經擔任司令部的柔軟多汁的大腦。由於細菌通常分裂繁殖，一個變兩個，兩個變四個，四個變八個……繁殖得非常快，屍體對於它們來說是絕佳的食物來源，不瘋狂擴張還等什麼呢？所以世界上不存在「殭屍吃了你的腦子」這種情況，反而是被不起眼的細菌吃掉了。

胃酸、腸液和細菌在沒有免疫系統的人體內鬧了個天翻地

覆，此時身體的本質已經產生了不可逆轉的變化，就算請神仙也沒有用了，所以說什麼還魂仙丹吃了能讓死人復活，請務必不要相信，迷信都是騙人的。

人體內的各種其他酶（也就是生物催化劑）也不吃素的。在人活著的時候，催化酶是推動各個生命活動不可或缺的東西，可是人死後，它依舊活躍，為屍體的腐敗添柴加火。由於催化酶本來就是人體自己分泌的，無論有沒有細菌都會存在，所以由於它們的作用而引起的細胞溶解，被稱為屍體的「自溶現象（autolysis，俗稱自我消化）」。在人去世後，人體的所有組織都逃不脫「自溶的魔咒」，即使是八週以上的胎兒，在無菌的羊水浸泡下也會產生改變，被稱為浸軟兒。有些臟器自溶較快，比如大腦、胰腺、腎上腺、胃黏膜等，甚至會完全破壞其組織細胞。另一些器官，比如肝、腎、脾臟等，自溶比較慢，也是先變得質地鬆軟，最後細胞結構被破壞。新技能找到了有沒有？下次買豬肝或者其他生鮮肉製品的時候，那些鬆軟得有點不正常的，肯定是不新鮮的！

從生態鏈的角度說，自溶現象的存在為許多動物提供了更易於獲取的食物來源（食肉昆蟲對於死者的各種大不敬的行為我們以後再說），聽上去好像挺大公無私的。不過，屍體上的各種小動物也是法醫工作中需要用到的重要證據。

死亡三四天後，腐爛從腹部擴散，人的靜脈變得較為褪色，五六天後，由於細菌分解產生了氣體，人體會變得腫脹，

皮膚會出現水泡，血沫有可能從口鼻處流出來，讓人誤認為屍體還能「上火」；八到十天後，部分人的舌頭會伸出來，這時候就算生前再可愛，也起不到賣萌的效果了。三週至一個月後，人的組織開始變得越來越軟，甚至開始液化，漸漸「零落成泥碾作塵」，牙齒和指甲也開始脫落。幾個月後，脂肪會變成綠色物質，有點像綠蠟，因此機智的專家替它取了個專有名詞叫「屍蠟（adipocere）」。最終屍體會完全看不出相貌，除了骨頭和頭髮之外，其他的東西都回歸大自然，難以維持原狀。

任何詐屍都是騙人的

　　根據一些氣氛詭異的都市傳說，很多人在去世之後還會表現出一些類似活人的特點，會流淚、會抽搐、頭髮指甲會變長、身體上會出現特殊圖案，甚至孕婦腹內的胎兒還會長大，這到底是怎麼回事？不是說世界上不存在鬼魂嗎？接下來就讓我逐一闢謠。

落淚不是有怨氣，是自溶

　　我不得不說，上述這些詭異的現象都是真的，只不過真相一點都不靈異。比如死者流淚這件事，看上去挺嚇人，可是如

果你把書往前翻幾頁，就會看到一個重點詞彙——自溶現象！

或許大家還記得之前講冰人的時候提過，眼球是富含水分的，作為這麼一個脆弱多水的器官，活著的時候就十分脆弱，死後當然也是先被催化酶溶解的器官之一。你可以把眼球理解為一個類似膠囊的東西，當外皮一破，眼球中的組織液就會流出來，如果角度合適，就會從眼眶中流出一些液體。當然，這些液體比水的密度要大一點，仔細看是可以看出來的，不過，誰會趴上去看啊！

頭髮指甲變長，也是正常情況

很多人都說，某些屍體放久了，就會發現它們的頭髮和指甲都變長了，好像根本沒有死，只是睡著了一樣。這當然也是無稽之談，真相是人類在死亡一到四小時後，頭皮逐漸開始僵硬，所以頭髮會豎起來，看上去變長了。另外在形成乾屍的過程中，由於人體脫水，皮膚變得乾癟——就像牙齦乾癟會顯得牙齒變長一樣，皮膚乾癟也導致頭髮和指甲顯得更長。這為那些講鬼故事的人提供了絕佳的素材，以至於大部分的鬼都是長頭髮長指甲，簡直成了一種標配。

屍斑不是特殊紋身

不管活著的時候人多麼注重保養皮膚，死後皮膚上還是會出現一些類似傷痕的東西，有些傳說或許會以為這些是天賜的「紋身」。其實專業上稱這種東西為屍斑，形成原理也非常簡

單──受到重力作用，人的血液往低處流，堆積在身體較低的位置而形成。屍斑可以讓法醫斷定屍體死時是在什麼位置，是否被人挪動過。

會哆嗦並不表示他還活著

某些古人認為，睡眠時是靈魂離開了軀體，那麼睡覺時候猛抖腿就是靈魂又回來了──根據這種邏輯，屍體如果抖動，就表示這位很有可能再活過來。這絕對是危言聳聽。切成兩段的魚，有時候也會在砧板上跳一下，死人哆嗦幾下也不是不可能。這就是所謂的「超生反應（supravital reaction）」，即人死後某些組織和細胞仍然能保持活性。有一個經常出現在生物課本的實驗，將青蛙的腿連著粗大的坐骨神經剝離出來，然後刺激神經，青蛙腿就能發生抖動，這是一種常見的緊迫現象（stress）。由於青蛙腿比較小，動起來很容易，可是人的屍體刺激到神經並發生抖動的機率就很低了。再加上人這種生物本來就喜歡想太多，本來非常簡單的「刺激──反射」過程竟然被神化了。

所以，這些痙攣現象只是正常的神經肌肉反射，並不代表死者還能站起來繼續哆嗦，更不可能成為街頭尬舞高手。

拳法再高，也怕火燒

不過，還有更玄乎的，有些在火堆裡焚燒的屍體還會動，甚至是「垂死病中驚坐起」！

如果死者進入了火葬場的焚屍爐，由於受熱均勻溫度高（接近 1,000℃），身體的有機物部分會在短時間內迅速被焚燒殆盡，一小時左右就能被燒成煤渣一樣的骨灰。可是有時候焚燒屍體，並沒有非常高級的焚屍爐，而是架起柴火露天焚燒。這種火堆，通常溫度在 600℃～ 800℃，烤一個小小的羊肉串都要半天，更何況是要把那麼大的人體燒成灰呢？所以，這種火堆要想把人燒成骨灰，就只能慢慢燒焦炭化，最後再燒成灰。請大家想像這個過程，皮下的油脂被烤得滋滋滲出來，皮膚肌肉都已經變形，再加上受熱不均勻……見過烤蝦是怎麼變彎的嗎？現在被放到火堆上的死者，不論他生前是多麼剛烈的直男，這時候也要彎曲一下了。

但是人的個子太大，所以最容易彎曲的地方就是一些比較小的部分——如脖子、手指、手臂等，這幾個地方這麼一彎，就會呈現出一種「拳擊狀」動作。所以很多消防員都會看到火災現場的屍體如拳擊手般，不知道的還以為是和火焰搏鬥失敗而亡了呢。

一般來說，在柴火上焚屍，周圍會有很多親戚朋友圍觀，有些比較細心的人很容易發現火中屍體的小動作，當屍體彎曲，同時導致其他部分脫落的時候，看上去就更像是自己坐起來了。這時候千萬別潑水，因為……已經搶救不了了，等一下還得重新點火。經過那些因為煙霧繚繞等原因沒看清楚屍體小動作的人們這麼一傳播，就變成屍體在火中能動這種奇聞了。

一般來講，如果屍體死亡時間比較短，火焰溫度又比較低，看到肌肉收縮的機率就相對大了。不知道古代人是不是早就發現了這個祕密，乾脆不提倡火葬，所以能看到這種奇觀的機會就越來越少了。除非是像武大郎那樣死因被懷疑為有可能攜帶傳染性病毒的，才進行火化。

不僅能大肚子，而且還能……

網路上有一個流傳很廣的驚悚新聞，某博物館的工作人員由於長期精神壓抑，對一個女木乃伊產生了感情，某次獨自值夜班的時候，不顧世俗的眼光，越過道德的邊境，大膽走過愛的禁區，對女木乃伊做出了不可描述的事情，沒想到女木乃伊竟然懷、孕、了！那位大膽而喜當爹的工作人員還向媒體坦白，勇敢承擔了責任，表示「不是我不小心，只是真情難以抗拒」……在飯桌上聽到此新聞的筆者此時早已發出檳鈴般的笑聲，手中筷子夾著的花枝丸險些掉到地上。

首先，木乃伊是乾屍的一種，而且是挖去內臟的乾屍，如果你能讓木乃伊懷孕，那某天用整條蛇皮做成的蛇皮袋、整張牛皮做成的沙發，也能懷孕了。就算屍體沒有摘除內臟，所有的細胞也都停止活動了，自然不可能懷孕生子。

上文講述屍體在自然狀態下的變化過程，有一個關鍵點一直沒提，就是為了在這裡放大招，其實死者去世後肚子變大，是一種再自然不過的現象。

之前我們提到，人去世後，體內的細菌開始造反，從內部消化人的肉體時，放出大量的氣體……為了埋下這個伏筆，我狠心沒在上文中說出如下事實：根據相關資料，在春秋季節死後 3～7 天，夏季死後 2～3 天，冬季死後 15～30 天，就可以明顯看到人的肚子變大了，就像一個氣球。由於腐敗氣體使腹腔內壓增高，人的心臟和肺部受到擠壓出血，所以血液會混合著其他液體湧向喉頭並經口鼻溢出；胃腸也會受壓迫，使胃內沒消化的東西溢出口腔之外，或者進入喉頭、氣管之內，這被稱為死後嘔吐；同理，盆腔受壓迫，會使死者放屁，使直腸內消化完的東西溢出，甚至使肛門脫出。女性的子宮也可能因受壓而脫出；如果是懷孕女屍，子宮內的胎兒也會因受壓而娩出，稱為死後分娩、棺內分娩。死者的肚子會越來越大，甚至會脹破。當然，像電影《屍控奇幻旅程》那樣，透過放出腐敗氣體變身為人肉汽艇的，就太誇張了。

最後，說完了這麼多重口味的內容，再引用一句定義：高度腐敗的屍體，由於其全身充滿腐敗氣體，整個屍體腫脹膨大成巨人，根本看不出生前的容貌。這種現象稱為腐敗巨人觀（bloated cadaver）。在天氣炎熱的夏天，人從死亡到屍體液化，只需要一個月左右的時間，如果有蒼蠅等昆蟲幫助，這個時間會更短。

彩蛋：雖說人已逝，但依然可以立旗幟

最後再說一件有點不可描述的事情，被稱「天使的慾

望」，就是一些男性在失去生命活性之後幾小時，會出現生殖器官起立的狀況。

在弄清這個問題之前，我們先要上一節普通的生物課：活人是如何「立旗幟」的？人類和大部分雄性動物的生殖器裡頭有一種名叫「海綿體」的組織，顧名思義如海綿寶寶一樣多孔鬆軟，當被注入血液時，它就會變硬。調節海綿體中血量的肌肉平時是收緊的狀態，所以那裡就像大象鼻子一樣軟塌塌的，當到了發情期時（尤其是人類這種成熟後一年四季都在發情期的動物，更容易達到如下效果），器官接收到相關訊號，控制血流量的肌肉開始舒張，血液就會進入海綿體，使其內部壓力增高，海綿體就變硬了。還不懂的朋友可以替自家的橡膠水管充水試試，海綿體膨大之後，會壓迫周圍靜脈，讓血流只進不出，進一步增大體積，直到連根部的海綿體也變硬，使整個器官完全立起來。這時候如果男子突然死亡，這個狀態也能保持下來。在宋慈《洗冤集錄·男子作過死》有過相關的論述，認為死在婦人身上的男子「陽不衰」，雖然有些迷信成分在其中，但是判斷屍體生殖器官的狀態，確實對收集破案線索非常重要。

當男性去世後，如果他是趴著的話，大概是立不起來了，因為透過某些重口味的灌水試驗，讓屍體陰莖勃起灌注壓力起碼要 85 ～ 100mmHg（毫米汞柱），一些血壓較低的活人收縮壓也不過如此，而 100mmHg 換算成水柱高度大約是 1.4m，也就是說，除非此人趴下的高度可以達到 1.4m，才能出現這種

狀況。但是，如果屍體的姿勢很特殊，襠部正好處於最低的位置，那就可以達到「立旗幟」的效果了。

另外，很多男性屍體在去世一瞬間會產生勃起現象，是由於中樞神經系統受到損傷，如頭部槍傷、絞刑等，這時候心臟還在工作，一片混亂的「指揮部」就有可能發送「讓小弟弟起立」的訊號。之後人馬上就去世了，中樞系統卻已經無法指揮那裡消除起立狀態，器官就能長期如死去的胡楊樹一般立著。而那些吊死的人，由於脊髓和頸部大動脈突然受損，腰部的血液就會一下子湧入海綿體，讓它產生變化。同理，腹部外傷以及手術也可能刺激到位於骶髓的低位勃起中樞，導致類似的現象。某些神經毒素（比如某些有「藍色小藥丸」作用的蜘蛛毒素，後面會提到）也能加快人體血流並刺激相關神經，導致死者出現這樣的情況。

美國動畫電影《尖叫旅社》中，不論是死去的殭屍，還是沒有一點肉的骷髏，都能像正常人一樣吃吃喝喝開心玩樂，這或許會讓很多觀眾對死後的生活略微憧憬。很可惜，在太平間我們看到的這些「栩栩如生」的現象並不足以讓死者擁有尖叫旅社的邀請卡。下次再有朋友繪聲繪影的向大家描述種種靈異現象的時候，你可以用這些話來安撫他的心情，同時得到一個「消除靈異事件專家」的稱號。

因為蜂蜜招蒼蠅~~~

為什麼沒有人用蜂蜜來保存屍體

亡者來訊　沉默的證據
自殺？謀殺？隨法醫的解剖刀來一趟重口味之旅

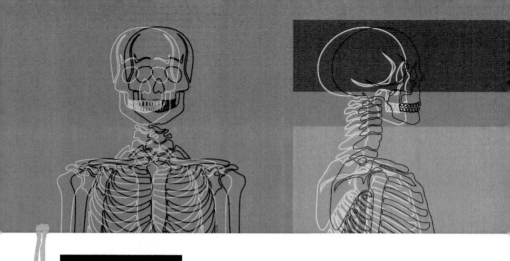

第二篇、
生物課開講啦
——鑑定人體身分的
鑰匙

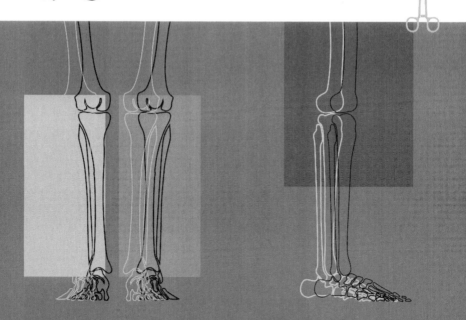

人體骨骼裡的祕密訊息

法醫，面對一具很可能看不出外貌的遺體，知道它活著時候的身分非常重要。不過很多時候，當屍體變得只剩白骨，辨認難度非常高。但是！法醫是不會被這些困難打倒的，相貌還原這種看似違背科學常理的技能，只要聯合解剖學家、古人類學家，想知道白骨原來的樣子，這都不算難事。

透過顱骨還原人的相貌，這種看似很新奇的技能早在大清國還沒滅亡的時候就有。西元 1877 年，清朝光緒三年，貝爾成立電話公司，愛迪生發明留聲機，左宗棠收復新疆，日本處於明治維新期間……就在這全世界都很努力的年頭，德國一名不太出名的解剖學家沙夫哈森最早提出了根據頭骨來還原生前容貌的想法，他認為，人臉上軟組織的厚度是有規律的，只要知道頭部各處的軟組織厚度，就可以推測出頭骨所有者生前的容貌。可是這位本來就默默無名的老師竟然沒有實際操作一番，或許這就是他不出名的原因。直到六年後的 1883 年，德國的另一名學者威爾克才對 13 具男屍的頭面部軟組織進行了厚度測量（看來 13 在歐洲果然是個不吉利的數字）。

頭骨為什麼能相對精確的還原人的相貌呢？根據該領域大師格拉西莫夫（Gerasimov）的理論，頭骨與面部之間的關係有四個特點。第一，每個人的頭面部都是由皮膚、肌肉等軟組織

包著頭骨形成的。頭骨是容貌的構架，就像房子的四梁八柱，五官和頭面部的軟組織附著在頭骨的相應部位上，形態受頭骨各部位形態和結構關係的影響和制約。第二，人在變胖變瘦過程中，除面頰變化較大以外，其餘部位的軟組織厚度相對恆定。也就是說，胖子其實就是腮幫子胖，鼻梁、眼眶、額頭、耳朵一般都不會堆積脂肪。所以各位讀者還是盡可能別太胖，以免未來的人類學家無法復原出你的真實相貌，那可就真是「一胖毀所有」了。第三，透過研究，頭骨可以反映出面貌隨著年齡的變化和不同性別、不同種族的特徵。第四，成年人的頭骨個體形態相對恆定，很難產生變化。因此，根據這些固定的特點，用頭骨來復原亡者的生前容貌是可行的。

不過，真正讓顱骨還原技術大顯身手的事件還要感謝歐洲近代音樂之父、西方音樂史之父約翰·塞巴斯蒂安·巴哈。巴哈是德國人，出身於一個不折不扣的音樂世家，這個家族從 16 世紀開始，三百多年來出了 52 位音樂家，巴哈本人的 20 個孩子中也有 4 名音樂家。或許是這一家人都太沉迷於音樂了，對時間和空間的記憶都比較差，竟然沒有人按時祭拜，以至於到了一百多年後的 1895 年（巴哈仙逝於西元 1750 年），德國萊比錫的聖多馬教堂要翻修，教堂附近的墓地也要擴建，巴哈的墳墓要遷移，這時大家才發現巴哈墳墓的具體位置已經無法辨認。巴哈活著的時候知名度並不高，死後五十年就幾乎被粉絲遺忘，可是死後一百年左右又被眾人捧上神壇，成為音樂史上最重要的人物之一。到了翻修墓地的時候，有些知情人

士依稀記得，巴哈埋在一號地塊，棺材是橡木的，距離教堂南門非常近。人們費了很大力氣，才找到一具貌似巴哈的老年男性屍骨，該屍骨顱腔的腦容量為 1,479.5mL（接近德國人的平均容量）。

於是，相關負責人教區長特蘭澤爾博士跨越國籍的障礙，請來了瑞士的解剖學專家維爾黑姆·希斯（Wilhelm His），我推測請他的原因是因為他名字的諧音是「where him（他在哪裡）」，不過德國人或許不懂這個梗。

維爾黑姆·希斯使用了威爾克的方法，選取了 24 具自殺男子的屍體，甚至還測了 4 具女性的屍體，對其面部 15 個定位點的皮肉厚度進行測量之後，得到了一些平均數據。然後他把數據和疑似巴哈的頭骨交給了一個名叫卡爾·塞弗內的雕刻家。雖然並未被希斯告知這顆頭骨的疑似身分，可是雕刻家不負眾望，根據這個頭骨塑造出了一個半身像。這個雕像的臉和巴哈生前的畫像十分接近（幸虧歐洲油畫是十分寫實的），所以維爾黑姆·希斯斷定這具屍骨就是巴哈本人。現在看來，維爾黑姆·希斯的方法並非沒有漏洞，巴哈的子女眾多，家族還有其他不少成員，此事發生時，他比較長壽的兒子此時也死去了大約一百年（有 11 個子女早於他去世），應該調查他們是否也埋在這塊墓地，還應該判斷棺材和其他陪葬衣物的年代是否符合。

維爾黑姆·希斯透過頭骨復原了巴哈的相貌，並以此寫了

篇論文發表。這在當時絕對是一個轟動性的新聞，以至於幾乎所有人類學家和考古學家都拿它「洗版」。三年後的 1898 年，在各國列強忙於和大清國簽訂不平等條約時，嚴謹的德國人也不忘從事科學研究，德國學者卡爾曼和布基在人的頭骨上選取 18 個觀測點，透過解剖 45 具男屍和 8 具女屍測得了面部軟組織的厚度，這一劃時代的舉措（因為統計學上超過三十個樣本才能稱為有參考價值的「大樣本」，默默為差兩個樣本就能夠更上一層樓的希斯先生心疼一分鐘）為各國的科學研究人員做出了榜樣，各國都用這種方法來測本國人民的平均面部軟組織厚度，當時被送去研究的屍體大概都逃不過「毀容」的命運。

雖然德國在科技上一直走在世界前列，可是在這方面貢獻最大的科學家卻是來自蘇聯的 M.M・格拉西莫夫。這位名字和彩色巧克力豆一樣的大師考慮到蘇聯的民族眾多，想到測量全國範圍內不同民族的臉皮厚度，並且透過豐富的經驗，總結並提出了較為全面和系統的理論。後來他出版了專著《從頭骨復原面貌的原理》，1950 年還獲得了史達林獎金。在書中他提出了很多到現今都非常有用的理論，如男女頜骨不同，透過牙齒磨損、頭骨癒合的程度判斷年齡等。這位憂國憂民的格拉西莫夫大師對顱骨復原的貢獻顯然是不可磨滅的，在後來蘇聯豐富的內外戰爭中辨認屍體是否為「自己人」非常有用……此外，格拉西莫夫還是將顱骨復原運用到刑偵學當中的先驅，是不折不扣的祖師爺級人物。

格拉西莫夫的功績遠不止如此，他還成功復原了許多博物

館裡古人類和歷史人物的相貌，包括 18 世紀俄國傑出的軍事
天才、俄羅斯沙皇帝國海軍第一個世界意義上的名將「海軍保
護神」費奧多爾‧費奧多羅維奇‧烏沙科夫（Fyodor Fyodorovich
Ushakov）。令人唏嘘的是，格拉西莫夫甚至還根據史達林的最
高指示，不顧廣為流傳的「誰打擾我誰倒楣」詛咒，在 1941
年 6 月 19 日跑到當時屬於蘇聯的烏茲別克撒馬爾罕城，突破
老百姓的重重阻止把來自蒙古黃金家族的優秀領導者、半人半
神的國王帖木兒（這位在西元 1370 年建立過讓整個歐洲都聞
風喪膽的帖木兒帝國）的墳墓給挖了，復原出帖木兒及其家人
的容貌，不過兩三天後蘇德戰爭就爆發了，蘇軍被德軍一頓暴
揍，直到 1943 年 1 月史達林還回帖木兒屍骨重新下葬，戰爭
才因為史達林格勒保衛戰的大捷而扭轉戰局，堪稱是「最下
重本」的一次科學研究。不知道格拉西莫夫在戰火中頂著這種
「靈異性巧合」的輿論壓力做研究，是一種怎樣的體驗。

現在國際上通用的復原相貌的技術主要有四大方面：繪
畫、雕塑、電腦還原以及……口述相貌（很多古人在史書上有
相關的容貌記載，可以作為一定的參考）——不過像巴哈那
樣，出名時連兒子都死了一百年的人，大概沒有活人見過他的
相貌，當然也沒有描述記載了。繪畫是利用二維圖形來表現三
維的人臉，也常常有失偏頗，因為我就是那種從不同角度看完
全不像同一人的臉型，在此我們要再次感謝巴哈的畫像非常寫
實。目前，最可靠的還是雕塑還原法和電腦還原法。

雕塑還原法常用的雕塑手法包括泥塑法、石膏像、蠟像

等。早在 1920、1930 年代,泥塑法還原顱骨相貌就逐步替代了其他雕塑。這個方法需要先用石膏翻製一個顱骨模型(現代也有用玻璃鋼的),在顱骨上的許多測定點上打孔,並插入牙籤一樣的小木條,木條突出的長度就是該處組織的厚度,然後用軟泥在顱骨上逐漸塑造出皮肉,直到所有的木條都被覆蓋,根據頭骨的輪廓,可以判斷其鼻梁形狀(透過殘存的鼻骨),根據顱骨表面是平滑還是粗糙推測髮際線的位置。除此之外,還能推測眉毛的形狀、嘴的大小,甚至還能判斷其眼皮是單還是雙。復原工作者還會替頭骨模型裝上塑膠或玻璃製的眼珠,最後再進行修飾,就可以知道該人的大致容貌。這種技能絕對可以稱得上是一門藝術,警察機關中有很多復原專家甚至雕塑專業的碩士、博士。

顱骨容貌還原讓許多古代名人的面目重見天日,包括馬王堆漢墓的女屍辛追、魏武帝曹操、《西遊記》作者吳承恩、乾隆皇帝的妃子香妃、埃及法老圖坦卡門、耶穌同時代的以色列人,甚至很多祖先級別的原始人類……雖然達不到完全符合,不過 80% 符合還是可以做到的。容貌復原之後人們會發現古人大多數的文字記載還是非常耿直的,香妃確實是個大美女,曹操確實是一副奸相,這讓存世的後代幾家歡喜幾家愁,真是「復原不可怕,誰醜誰尷尬」。

在顱骨不完整的情況下,現代的顱骨復原專家依然可以完成相貌還原的任務,如河北遵化清東陵的香妃墓就被人破壞過,只剩下缺損變形的頭骨和近一公尺長的花白辮子。不過這

也難不倒我們的復原專家：因為顳骨的形狀基本對稱，有一半左右的顳骨就能推測出另一半來。

現代科技顯神威

當顳骨被敲碎時，刑偵專家就只好像玩拼圖一樣拼裝顳骨，至少讓一部分先保持完整，再繼續進行還原。如 1993 年在中國南京江寧區湯山葫蘆洞發現的早期南京直立人的女性頭骨，就只發現了三個頭骨殘片，由於缺少下顎等重要部分（可能是野獸撕咬帶來的損傷），這讓顳骨復原專家覺得很棘手。研究小組從上千個顳骨庫中挑選出匹配的下顎反覆試驗比對，又經微調、縮放、修整後，最終才確定了整個頭骨最可能的樣子。

過去用泥塑來還原顳骨，可能需要一到兩個星期，且每次重塑泥像還不會完全一樣；用電腦還原，只需要輸入頭骨的相關資料，就能分析出性別、年齡、形態特徵等，有時候花一個小時就能重塑生前的相貌。軟體還可以替復原的圖加上合適的紋理、表情和毛髮等，讓復原圖更加逼真。德國有一款復原軟體，甚至模擬出了面部的 24 塊表情肌，讓復原出的人臉可以做出不同表情。

電腦的「腦補」能力非常高超，甚至在找不到屍骨的情況下，利用畫像或照片也能實現復原。第一位用電腦復原相貌的古中國皇帝是康熙帝玄燁，就是透過特殊軟體掃描他 50 歲時

的畫像還原出來的。如果發現的是木乃伊之類的乾屍，骨骼外部還附著著皮膚，復原軟體也能在不破壞乾屍表面的情況下，根據 X 光片、CT 或核磁共振來分析乾屍生前的長相。著名的三千八百年前的樓蘭美女乾屍就是利用「警星 CCK-3 型人像模擬組合系統」還原的。樓蘭美女死亡年齡大概 40 歲，乾屍出土於 1980 年，由著名考古學家穆舜英發現，因為常年被風沙覆蓋，保存較為完整，到了 2005 年才開始用電腦復原樓蘭美女乾屍。由於樓蘭美女的年代過於久遠，且沒有血統相近的同時代樣本作為參考，復原的過程斷斷續續花了三年，還需要查閱大量資料，有時候連眉毛都要換幾百種才能找到合適的。

「警星 CCK-3 型人像模擬組合系統」是一款非常神奇的軟體（在這裡可不是打廣告，而是國際上承認的，我其實也想跳過這個品牌，但是發現不太容易）。2002 年，趙成文教授（著名刑事相貌專家、痕跡考古學家）利用這套軟體，復原了一具已經出土 30 年的女屍──古長沙國丞相夫人辛追。這具出土於長沙市瀏陽河旁馬王堆一號墓的女屍，生前是西漢諸侯國長沙國利蒼丞相的夫人，生於西元前 236 年，死於西元前 186 年，享年 50 歲。雖然在出土時，辛追的遺體已經存放了兩千一百年，可是皮膚尚有彈性，手指和腳趾的紋路清晰，部分關節甚至還能活動，簡直是屍體防腐工程的奇蹟，是世上當之無愧的保存最完整的古屍。學者甚至根據辛追女屍創造了一個專有名詞──「馬王堆屍型」。

在復原辛追容貌的過程中，再次登場的趙成文教授沒有

拘泥於本門派的技術，巧妙利用了美術學中的「三庭五眼」理論，簡言之，「三庭」就是指「髮際線到額頭眉心的距離」等於「額頭眉心到鼻底部的距離」等於「鼻底部到下巴的距離」，「五眼」就是指臉寬是眼睛長度的五倍，這是一般正常人臉的比例。在將辛追顱骨的 X 光片掃描進電腦之後，趙教授發揮美術功底，在上面標出眼內側線、眼外側線、鼻翼線、鼻底線、髮際線、眉弓線、口裂線和下顎線、中心線等主要特徵線。根據他的理論，只要確定了這九條線，基本上就能確定五官的位置長度、寬度和大小，人的面部基本成型，至少能畫出人的基本樣子了。再根據相關的文獻資料、屍體的特徵、解剖學結構理論和他多年累積的經驗（沒錯，就是別人無法直接學來的經驗），最終確定了辛追的面部特徵：杏核眼、雙眼皮、小尖鼻、薄嘴唇、狐尾眉和肥耳垂。再從資料庫中選出合適的五官，辛追的容貌終於得以重見天日。

有些古人類的頭骨復原還會尋找到其後代，透過 DNA 來分析其可能的相貌，不過隔得代數太多，相似度能有多高？這只能是個「僅供參考」的線索。比如在曹操容貌復原過程中，尋找了七支曹操的後人作為比對，曹操活著的時候就有 25 個兒子和至少 6 個女兒，由至少 13 名妻妾生育，以曹操的身分恐怕不會找醜女為妻，所以這些孩子之間的相貌已經和不算好看的曹操相差很大了。再過兩千年，後代容貌的相似度還有多高呢？唯一能保證的是 Y 染色體能夠隨著男性後代一直傳遞。不過，人體有 46 條染色體，加之基因會出現不定向的變異（這

個變異完全是隨機的），所以能有一兩個面部特點遺傳下來就很不錯了（比如許多曹操後代的眉毛外側是散開的，所以學者推測曹操很可能也有這種面相）。唉，歸根究柢，就要怪中國古代的雕塑和畫像都過於藝術化，要是像歐洲的雕像或繪畫那樣，或許辨別容貌就容易多了。

顱骨容貌復原並非什麼黑科技一般的神奇技術，如果和照片對比，二十分鐘就能判斷顱骨和照片是否屬於同一個人，並在一小時內還原死者生前的頭面部三維圖形，不過不同地域的人容貌差別也較大，宋代的面相書《麻衣神相》提出：「蜀人相眼、閩人相骨、浙人相清、淮人相重、宋人相口、江西人相色、魯人相軒昂、胡人相鼻、太原人相重厚。」就是注意到不同地域的人面貌有不同的特點。而現在隨著交通的發達，不同地區的人通婚更加普遍。所以很多專家也認為，頭骨復原容貌只是其中一個參考標準，當沒有其他證據可以表明死者身分的時候才能考慮使用（比如骨骼被泡在某些強酸強鹼性藥水中導致 DNA 損壞，無法透過基因鑑定身分），可是萬一碰見「撞臉」的人，造成誤判，也是很可怕的。另外，其他無法從顱骨看出來的小細節也會影響人的容貌，如痣、傷疤、皺紋、紋身、鬍鬚甚至飾物和眼鏡等，都在阻止技術專家完全復原出死者生前的相貌。這也是顱骨復原容貌的技術沒有廣泛推廣的重要原因。

看胸是沒有辦法
判斷一個人的相貌的。

半身像快完成了，
老師您是怎麼知道胸圍的？

人體骨骼能參與鑑定的部位

　　現在我們會繼續學習有關骨頭的那些事，如果此時開直播，我一定會擺滿一桌子各種形狀的骨頭，並擺一個警告牌：狗狗不得入內。

　　首先我們需要學習一下人類的骨頭：大多數人的骨骼總數為 206 塊（許多華人和日本人由於小腳趾只有兩節，骨頭總數是 204 塊），兒童的骨骼一般是 217 塊或者 218 塊，因為他們的骶骨和尾骨還沒有連在一起，成年後才會癒合成一塊骨頭。人的骨骼僅占體重的 18%，並由 650 條肌肉和 100 多個關節控制，固定肌肉與骨骼的腱極為堅韌，6.45cm² 就能承受 8t 的壓力。人骨骼的強度也非常大，每平方公分的骨頭能承受 2,100kg 的壓力，而堅硬的花崗岩也只能承受 1,350kg 的壓力。人的腿和腳在跑步時每平方公分要承受 350kg 的壓力，跳高時所承受的壓力是跑步的四倍。當然這只是一個平均數，年輕人的骨骼韌性比較大，而老年人骨骼韌性則比較脆，更容易骨折。

　　骨骼是死者身體最容易保存下來的（第二容易保存的部分竟然是頭髮），如果一副完整的人體骨架呈現在你面前，你能看出什麼？高矮是可以一眼看出來的，是否明顯的畸形和損傷也可以看出來，但其實死者的骨頭雖然不是「花千骨」，也爆

發不出洪荒之力，但是依舊能透露出大量的訊息。

首先，我們要判斷骨架的性別，性別不知道，其他都是瞎胡鬧。一般而言，男性的骨骼比較粗大，表面粗糙，骨密質較厚；而女性骨骼比較細弱，表面光滑……這好像都是廢話，如果骨架屬於一個務農的女孩子，堅持「誰說女子不如男」的理念，她的骨骼外表也不會和男性相差很大。好吧，為了更精確，還是讓我們直接看骨盆！

如果是活人，在沒有親密關係或者診斷資格的情況下要隨便看他或她的骨盆部分，那肯定會產生糾紛的，但是看骨架的骨盆就非常重要了。男女骨盆從胚胎期就開始就有差別，在10歲之後逐漸明顯。由於女性有生育功能，所以骨盆內部的尺寸要大一點，這種差異在胎兒期就可以觀察到，性成熟後就更明顯了。女性骨盆腔是淺而寬的圓柱形，骨盆上部的入口是橫寬豎窄的橢圓形，下部的出口比較寬闊，形成一個非常明顯的圓形，可以讓胎兒頭部透過；骶骨向後傾斜，呈正三角形。而男性的骨盆則比較粗壯，入口呈現心形，骨盆腔高且窄，呈現漏斗形，骨盆出口狹小，附著坐骨的突起（坐骨棘）比較發達，骶骨呈等腰三角形。當然，男女骨盆還有很多其他細節上的差別。

骨盆是整個骨架中最能區分出性別的部分，如果沒有找到骨盆的話，顱骨、胸骨、鎖骨、四肢骨甚至肩胛骨也都可以作為判定的依據，但是準確度都不如骨盆高。以準確度排行第二

的顱骨為例，在性成熟之前，男女的顱骨外形差別不大，但是青春期時就開始不同了，成年期時差別更大，可見活得久一點多麼重要，至少能讓法醫減少很多負擔。男性的顱骨較大，腦容量較大，質地較厚，面部整體較為狹長，眉弓顯著，眼眶基本呈方形，顴骨高而粗壯，下顎關節粗大；而女性的顱骨較小，腦容量較小，質地比較薄，面部整體較為短寬，眉弓不顯著，眼眶基本呈圓形，顴骨低而纖細，下顎關節纖細。除此之外，男女顱骨還有一些其他參數上的細節差異，不過，要是有人依照腦容量推測出男性智力比女性高（男性腦容量平均值比女性高出 250mL 左右），這種觀點我並不接受。

當然，肉眼觀察骨骼並不能保證百分之百判斷準確，透過骨盆鑑定的準確度最高，可以達到 95%（這個數值在統計上已經可以達到顯著的狀態了，可喜可賀），透過顱骨鑑定一般為 82% ～ 89%（某些專家甚至可以達到 95% 的程度），而透過四肢骨鑑定，只能達到 80% 的準確率，而且不同人種的骨骼也有或多或少的差異，因此，這「又」是個僅供參考的結果。

當然，只知道性別還不夠，年齡也相當重要，這就要涉及骨齡鑑定的知識了。要想知道一根骨頭的骨齡，找到它的骨化中心是十分重要的。人全身的骨頭想要發育長大，分為膜成骨和軟骨成骨兩種方法，除了顱骨的增大和骨幹增粗是靠骨膜骨化（periosteal ossifacation）而成，其餘的地方的骨頭若想長大，幾乎都要靠軟骨骨化（endochondral ossification）來實現。簡單來說，就是骨膜和軟骨一層一層骨化，就像樹木的年輪一樣，

逐步使骨頭變長變大，同時骨髓腔的內部也在自我破壞，讓骨髓腔也跟著變大。長骨兩端膨大的部分稱為骨骺（epiphysis），骨骺上的軟骨稱為骺軟骨，如果骺軟骨已經完全骨化，那骨頭就不能變長，也就是不能再長身高了。通常完全骨化以 18 歲為分界線，是法醫鑑定遺體骨齡的重要指標，對自己身高不太滿意的的青少年可以到醫院透過 X 光片測測骨齡，看看骺軟骨是否已經完全骨化。

在骨頭形成的時候，並不是所有地方一起開始骨化，而是先從一個或幾個點開始，逐步擴散到其他地方，最初發生骨化的部位就是骨化中心（ossification center），也叫做骨化點。典型的長骨（比如四肢骨）的骨化中心，在中間的骨幹和兩端的骨骺這三個地方。如果不太明白，下次吃雞腿的時候可以仔細觀察一下。骨化中心的出現和骨骺的癒合情況，會隨著年齡變化而出現規律性的變化。比如說，手腕部的十塊細小的骨頭，從出生三個月後，其中兩塊（被稱為頭狀骨和鉤骨）開始出現骨化中心，一直到孩子 10 歲，十塊腕骨才會全部出現骨化中心，這就是透過兒童骨骼鑑定年齡的參考標準之一，即骨化中心的數目等於兒童年齡加一。而鎖骨胸骨端的骨化開始於 15 ～ 17 歲，25 歲時完全癒合。骨化中心的出現和消失伴隨著整個人體的發育過程，嬰兒出生時全身約有 450 個骨化中心，而到了成人時期就僅有 206 個。加之每塊骨頭骨骺癒合情況分為未癒合、開始癒合、接近癒合、完全癒合四個階段，透過骨骺和骨化中心判斷年齡的方法簡直不勝枚舉。

　　位於上臂的肱骨也可以幫助法醫鑑定死者的年齡範圍。新生兒的肱骨已經開始出現骨化中心，隨著年齡的不同，肱骨的骨化中心會產生變化，但是特殊之處在於 30 歲以前肱骨的骨髓腔在「外科頭」（就是骨棒和骨端膨大頭的交界處，很容易發生骨折的地方）以下，30 歲之後會越長越高。

　　骨關節也是判斷年齡的重要標誌。20 ～ 30 歲期間，人的關節骨質緻密，結構分明，沒有出現退行性變化（anaplasia），也就是說這個年齡層得關節老化病的人很少，30 ～ 40 歲，人的關節磨損加重，人體大多數關節出現退化，40 歲以後退變更加明顯，而且是不可逆的。所以各位關節還沒有退化的讀者或者關節已經開始退化的讀者，且行且珍惜吧。

　　透過測量某些骨頭的長度也可以推測出人的大致年齡，以人體最長的大腿骨為標準分母（脊椎雖然長，但並不是單根的骨頭），以其他地方的骨頭為分子，不同年齡階段的人體也會呈現不同比例：如對比脛骨可以發現，出生前脛骨長度占股骨的 88%，而出生後則是 80%（這麼粗略的對比好像對判斷年齡沒什麼用）；而前臂內側的尺骨，和股骨的比例在出生前是 82%，0 ～ 6 歲是 62%，6 歲後是 57%，好像作為判斷年齡的證據還是太粗糙了。

　　結構複雜的脊椎骨不僅可以透過關節判斷年齡，也可以透過形狀、癒合情況等因素來判斷，由於涉及很多形態學上的專業名字，我就不多說了，作為一本入門級別的書，我們還是掌

握最簡單且精確的方法！

如果死者的年齡不大，也可以透過頭骨對其進行判斷。新生兒的頭骨沒有完全骨化，頭骨上有六個囟，其中最大的兩個是位於頭頂正中間的前囟門（又名靜囟）和枕部的後囟門，這些地方很軟，是嬰兒最容易受傷的部分。後囟一般在出生後三個月內癒合，而前囟門會一直開放到 2 歲之前。另外四個小囟分別在頂骨的四個角上，沒有那兩個明顯。人出生後的頭骨發育分為三個階段：從出生到 7 歲是最快的生長期，7 歲時頭骨的很多特徵已經和成人相同；8 歲到青春期（14～16 歲）期間是相對休止期；從 17 歲至 23 歲，是一般成長期，這段時間額面部生長比較顯著。和頭骨連接的下顎骨就只能粗略的判斷是青年、中年還是老年，人的下顎角也隨著年齡的變化，角度會逐漸變小。

在人的所有骨頭當中，要想確定最準確的年齡層，還是要請出我們最重要的骨盆！無論男性還是女性，從 14 歲開始，骨盆就會發生階段性的變化，最主要的識別特徵就是骨盆正面中間的由軟骨聯合的部位，官方通用名「恥骨聯合（symphysis pubis）」。就像透過馬的牙齒痕跡能看出馬的年齡一樣，骨盆在 14～17 歲稱為青春前期，在 17～20 歲稱為一級骨盆，此後每三四年作為一個級別（35 歲後每五年升一個級別），到 50 歲之後達到九級骨盆。每個級別都有各自的特點，簡而言之，就是隨著年齡的成長，恥骨聯合面的骨骼形態由尖銳變得漸漸圓鈍，骨質不斷變得緻密，到了 40 歲時達到頂峰，然後骨質

開始漸漸疏鬆。不過，如果這個人特別愛喝碳酸飲料或者其他會導致骨質疏鬆的藥物，那就另當別論了（這是疾病種類繁多的現代人面臨的問題，古代人一般不會遇到這類問題），所以說，就醫紀錄非常重要，病歷本千萬要保存好。

另外，還有一個略顯恐怖的現象是，女性在 60 歲以後骨盆的恥骨部分會變成類似焦渣狀。如果有幸見到老太太骨架的讀者朋友，請不要誤認為此人生前臀部被燒過。

最後再囉嗦一句關於恥骨聯合的小祕密，女性生產之後，恥骨聯合面會變寬，部分女性產後會恢復不良，這也是判斷死者是不是一個「有故事」的女同學的重要指標。

與骨盆鑑定年齡類似的是，胸骨和肋骨的結合部位也會隨著年齡變化，也可以將胸骨從 19 ～ 74 歲分成六級，或者把肋骨從 17 ～ 76 歲分為九級，精確度都沒有比透過骨盆判斷來得好，在此不再做過多描述。簡而言之一句話，在看到野外有許多散落的骨骼需要研究，而你又恰恰嫌重帶不走全部的話，知道拿走哪些最有價值就好。回顧一下：在野外碰到屍骨，應該多注意頭骨、包含牙齒的下顎骨、骨盆和四肢骨等，頭骨要盡量保證面部完整，這樣才有利於容貌還原。每一具屍骨都應該編上一個獨有的號碼，防止將不同屍體的骨頭混在一起。骨頭內外的泥土必須刷乾淨，然後用刷子蘸水貼上紙包好。如果骨頭已經粉碎，還需要用固定液將其固定。牙齒也要盡量放在原位，如果不能復原，就包好和所屬於的屍骨放在一起。如果是

近代的骨骼，處理時一定要尊重當地的風俗習慣。

當然，軟骨也可以作為判斷年齡的標準，透過觀察死者的舌骨、甲狀軟骨和咽喉部環狀軟骨的骨化情況，也能判斷年齡，只不過這個標準分級的精確度恐怕要跨出二十年左右了，你們儘管只拿這幾塊軟骨檢驗，如果能判斷出精確年齡算我輸。

不過，骨齡會受到營養情況、健康狀態、地理環境、民族血統等因素的影響。比如一般熱帶地區的民眾比寒帶地區的發育早，這不能不服，因此我們還需要和其他指標相互印證，才能提高鑑定的準確度，萬一碰見個骨骼精奇的案例呢？

根據一塊骨頭還能推測出人體的身高，早在古羅馬時期，建築專家維特魯威（Vitruvius）就在自己的著作《建築十書》中，運用建築學和幾何學知識，描述了完美的人體應該是何種比例，比如手的長度是身高的十分之一，兩手平舉時臂展等於身高。關於這位建築大師的史料記載不多，只知道他出身富有，精通建築、機械和市政等，還鑽研幾何學、物理學、哲學、音樂、美術、歷史等，是均衡發展的好學生榜樣，是不折不扣的「別人家的孩子」。他曾經先後為凱撒和奧古斯都兩位統治者蓋樓，其程度可見一斑。西元 1487 年前後，義大利著名畫家、同時也對人體解剖非常有研究的李奧納多·達文西據《建築十書》中的描述繪製了一幅名為《維特魯威人》的鋼筆草稿，展現出書中描述的最完美的人體。沒錯，這幅畫就是你在

電影《達文西密碼》的開頭看到的，死去的老者模仿的畫。但是現在看來，維特魯威人的比例還是不夠精確，而且這個草稿描述的是符合黃金分割線的完美比例，並不適用於每一個人，很多籃球運動員的臂展都比身高長得多。

除了骨骼之外，指甲也能分辨出性別和年齡。不是因為女人容易染指甲，萬一哪個男子是個玩死亡重金屬搖滾或本身就喜歡染指甲的呢？而是因為女人的指甲一般比較短而窄，平均厚度比男性薄 0.05～0.07mm，表面比較光滑，顏色比較淺，指甲上的縱紋較少、較低、較為平滑，比男人的更加規則。隨著年齡的成長，指甲也會越來越厚，顏色越來越深，15～30 歲的人指甲厚度是 0.5～0.6mm，而 30～60 歲的人指甲平均厚度是 0.6～0.75mm，60 歲以上將達到 0.7～0.8mm。年齡越大，指甲表面也會越粗糙，或許可以透過這些細節來判斷一個化了濃妝的女士到底是不是真的年輕。不同年齡層的人，指甲裡的微量元素也有區別，而且在成年後還能透過這些微量元素判斷一個人的生活習慣。比如說愛喝酒的人指甲當中鋅元素會比較多，冶煉工人銅、鐵、鉛含量比較高，砷中毒的人也會在指甲當中發現比較高含量的砷元素。有專家還提出根據指甲裡的元素同位素來分析被調查者所處的地理位置。

此時，一些讀者可能就坐不住了，因為人體中還有一部分算是骨頭的組織是暴露在人體外部的，那就是人的牙齒。如果屍體爛得不是那麼「露骨」，而當時又不太方便解剖和透視，能不能透過牙齒來判斷年齡呢？人類胚胎發育到第七週時，牙

胚就形成了，其上有牙釉器官（enamel organ）、牙乳頭（dental papilla）和牙囊等，其中牙釉器官將發育成琺瑯質，牙乳頭將發育成為牙本質和牙髓，牙囊將發育成為牙骨質和牙周組織。胚胎長到第二個月時，就已經長出 20 個乳齒牙釉器官，胚胎發育第三個月至出生後第十個月，又會陸續長出 28 個恆齒牙釉器官。其中，第三恆磨牙牙釉器官發育最晚，大約在出生後第五年才出現。

在尚未長牙的階段，某些新生兒在出生四到六週後，上牙齦會出現一些類似牙齒的黃色小結節，俗稱「馬牙子」，醫學上稱為上皮珠，過一段時間會自動脫落。雖然這些「馬牙子」是上皮細胞角質的結果，並不是牙齒，但是可以作為年齡的一個標誌。再大一點的小朋友可以根據牙齒的萌生情況來判斷年齡，而成年人的牙齒根據不同的磨損程度，可以劃分為十個等級——其中一級的牙齒沒有肉眼可見的損耗，而十級牙齒損耗得最厲害，都能看見牙髓腔了（想像一下某些喪屍片吧）。大部分人的牙齒有 28 顆（部分人還有 1 ～ 4 顆智齒），其中一些牙齒的磨損程度和年齡有著複雜的函數對應關係，想知道有多複雜嗎？y（年齡）對應 x（四顆牙齒的磨損程度），怕不怕？想燒腦的朋友請看：$y = 9.14 + 1.49x_1 + 2.31x_2 + 2.01x_3 + 0.90x_4$（這四個 x 分別代表上左 1、2 和上右 1、2 四顆臼齒）。這只是用其中四顆牙計算年齡的方法，人嘴裡當然不止四顆牙齒，像這樣的函數方程式還有很多。

不過話又說回來，牙齒的分級也是靠外觀上判斷的，一般

的法醫可能沒有專業牙醫那樣的程度，判斷難免有誤差，那麼怎樣才能更精確呢？這就需要有微雕大師一樣的細緻「手藝」了──製作牙齒切片！大致方法是先把牙齒刷洗乾淨，用卡尺測出牙齒的接觸區域面積，然後用特殊的金剛砂片圓鋸在牙齒上切下 1 ～ 2mm 的薄片，橫向縱向都需要，然後打磨薄片，直到磨成 0.3mm 左右且厚度均勻的超薄片，然後依次放入 85℃、95℃酒精中脫水五分鐘，在 100% 純酒精中脫水三分鐘，用濾紙吸乾水分，再放入一種名叫二甲苯的溶液中，使其變得更透明，用樹膠黏在玻璃片上（沒惡搞！是真的），蓋上蓋玻片，就可以在顯微鏡下觀察了。鑑定專家會選擇五個特殊點來計算牙骨質的平均厚度，最後透過複雜的指標來鑑定出磨損的等級。值得注意的是，透過牙齒鑑定年輕死者的年齡更加有效，因為年輕人的牙齒組織每天可以生長 $1\mu m$，透過牙齒上年輪一樣的小細紋可以推測出實際年齡，誤差甚至可控制在二十天左右。

剛才提到的複雜計算公式也只是一個參考，我們同時還要參考生活習慣，或者地區、民族大數據的整體平均數，比如愛吃醋的山西人琺瑯質損耗程度肯定較高，喜歡嚼樹枝清潔牙齒的阿拉伯人的牙齒磨損程度肯定也和其他民族的不同；若是再碰到一個生前特別愛吃鐵蠶豆的，呵呵！那就只能再結合其他指標了。東南亞某些民族會用銼刀把牙齒表面磨平；太平洋一些島嶼的土著還有拔牙的習俗，這些都是需要慎重考慮在內的。不同人種之間的差距就更大了，蒙古人種大多是鏟形的門

牙，而且體積較小，可是這種牙齒在高加索人種中就很少見；
而黑種人的牙齒則有明顯的突出（連上下顎骨都非常突出）。

　　也有些愛養生的人，死後也會為法醫帶來不少麻煩。比如
天津薊縣曾經發現明朝嘉靖年間去世的官員敦典的墳墓，根據
墓誌銘，這位先生活了 77 歲，可是根據臼齒磨損程度算，這
人 50 多歲就死了，這也是透過牙齒磨損鑑定年齡的一個「失
敗」案例。

　　另外，根據切片或透視成像觀察牙髓腔的大小，也可以判
斷年齡。隨著年齡成長，牙髓腔會不斷變小，根據這些可以估
算年齡。還有一種非常精密的方法，是透過牙齒胺基酸的變化
來判斷年齡。現代的法醫經常用天門冬胺酸轉型的速率來鑑定
年齡（轉型後的胺基酸主要集中在牙齒、骨密質、水晶體和腦
組織中），誤差可以控制在三年以內。只要不在較高溫度中，
速率值幾乎不會隨著死亡時間的長度改變，與死亡年齡的相
關性可達 97%。而且該方法應用範圍很廣，可以用於乳齒和恆
齒，測量年老死者的效果更好。牙齒表面的琺瑯質是人體最硬
的部分，硬度在自然界中僅次於鑽石，可以抵禦大部分外來傷
害，而且非常耐熱。這麼說來，牙齒應該還有更重要的作用。

舍利子真的能作為證據嗎？ ──牙齒裡的訊息

　　大約兩千五百年前，尼泊爾著名哲學家、人文導師、意見領袖、公共知識分子「釋迦牟尼」悉達多‧喬達摩圓寂，按照印度地區的傳統（推測是雨林地區過於溼熱，土葬不利於環保，也容易傳播細菌），對其遺體進行了火化。遺體燒完之後，弟子從他的骨灰中撿出了尚能辨認的頭頂骨、手指骨、牙齒和 84,000 顆彩色骨質珠子。大家興高采烈的將這些遺骨和質地不詳的珠子分了，並當做聖物，一生一世供養它。從此以後，很多高僧也都在火化後出現舍利子。舍利子有紅、綠、黃、黑、白等多種顏色，專家至今也很難判斷這些東西是如何形成的（因為結石患者並不能燒出舍利子來）。不過這些都不重要，在營造了一個神祕的氣氛之後，我們從佛牙舍利入手，來看看牙齒有什麼神奇的功能。

　　牙齒表面的琺瑯質又叫牙釉質，是牙齒周圍的白色半透明組織，前文曾經提到過此物非常神奇，是在自然界硬度排名第二的物質，僅次於金剛石，可是它在很多地方又比金剛石強。金剛石是純碳的晶體，也就是我們結婚的時候戒指上鑲嵌的鑽石，雖然硬度沒話說，可是卻不耐熱，在空氣中燒烤會直接變成二氧化碳氣體，甚至用放大鏡聚光都能讓它灰飛煙滅。而牙齒表面的琺瑯質，主要由 4% 的「有機物加水」和 96% 的無機

鹽組成，這些無機鹽主要是含有鈣和磷的磷灰石構成，比鑽石耐熱得多，這麼說或許不能顯示它的厲害之處，其實它不僅比鑽石耐熱，其熔點大於 1,600℃（木炭的最高溫度只有 1,200℃左右），遠超於鋼鐵，而且在接近熔點溫度的時候，它的細微結構也不會發生物理或者化學變化。即便埋到潮溼的土裡上千年，牙齒也很難被腐蝕。

牙齒作為人體最硬的部分，雖然平時暴露在外天天可以看到，但是非常利於保存，除了化學腐蝕和強力撞擊之外，生活中好像沒有什麼有效的方法能損毀它們。既然牙齒如此「天生麗質」，它的物理特性讓它成為人體中特殊的存在，那它還有更特殊的功能嗎？當然，它還是人類的「天然身分證」。

人類身上有很多「天然身分證」，即全世界每個人有不同的標記，包括：指紋、唇紋、齒痕、虹膜、血管紋路、聲波紋路和 DNA 編碼等，每個人都是獨一無二的（英國科學家高爾頓曾說指紋是 640 億人中才有一對相同的。可是目前看來，這兩個人不可能同時代的生存在地球上，按照比較高的出生率計算，地球上古往今來也只有大約 1,167 億人，不到 640 億的兩倍）。牙齒由於搭乘了骨頭的順風車，有幸成為身分標識中第一個在本書登場的重要角色。

我們假設把牙齒暴露在外的部分粗略的認成長方體，每顆牙齒有五個可見的面在外面，一個人有 28 ～ 32 顆牙齒，每顆牙齒的大小、角度、排列空隙也不同，加上不同人的牙齒有

不同的磨損缺口等，所以齒痕也會成為指紋一樣精確的身分證
明。雖然牙齒並不能像指紋一樣終身不變，但可以根據其磨損
情況推演，目前的法醫技術已經掌握了透過單顆牙齒判斷身分
的技術。

在空難、火災、爆炸現場和碎屍案中，容貌、血液、毛
髮、骨骼特徵、皮膚特徵等都無法採用時，牙齒鑑定甚至成為
鑑定屍體身分的唯一有效辦法。2003 年 8 月，在巴西北部馬
拉尼昂州阿爾坎塔拉發射場發生了一起火箭爆炸事故，當場死
了 21 人，法醫就是靠對比牙齒來確認死者身分。所以，「在柴
火堆上被火化的釋迦牟尼」留下的佛牙舍利，是完全可以作為
法醫證據的。

用牙齒作為身分判斷證物的歷史由來已久。早在四千五百
多年前的古埃及第四王朝，就有用牙齒判斷身分的記載，中國
古代的醫學名著《黃帝內經》和第一本法醫學專著《洗冤集錄》
也有相關記載。而第一次明確的法醫牙齒檢驗發生在美國，當
時正值西元 1775 年，中國是乾隆四十一年的盛世光景，太平
洋的另一端卻爆發了反壓迫的美國獨立戰爭。波士頓的邦克山
發生了殖民地民兵與英國殖民者的第一次大規模武裝衝突，北
美獨立軍的將軍約瑟·瓦倫（Joseph Warren）戰死。一個名叫
保羅·里維爾（Paul Revere）的牙醫為了尋找瓦倫將軍的遺體，
機智的找到了兩年前的牙醫紀錄，得知該將軍是一位用白銀和
象牙做假牙的好野人，最後成功在幾百具屍體中找到了瓦倫將
軍的遺體。

而更著名的案例是希特勒死後，由於屍體燒焦無法辨認，美蘇兩國在明爭暗鬥的同時還在擔心這個大魔頭是否還僥倖存活於世，直到 1972 年，挪威法醫學家所格·斯內對蘇軍公布的解剖資料進行研究，對比照片和希特勒生前的牙科病例，發現假牙、牙冠、填充物等特徵完全相同，從而確定希特勒已經身亡。他還透過另一具屍體的黃金牙橋確定了其身分為希特勒的情婦伊娃，這一壯舉簡直是給了全世界牙醫一劑強心針。在科技發達的今天，用牙齒來鑑定死者身分已經應用得非常廣泛，甚至在大型災難中，一半以上的死者身分識別都是透過牙齒來作證。

　　當今科技越來越發達，法醫對牙齒鑑定的研究也結合了生化技術、透視拍攝、電腦圖像分析等，讓牙齒鑑定達到了完善的系統化、規範化和定量化，甚至還出現了一門專業——「法齒學」。現在世界上已經有四十幾個國家建立了專業的法齒學學術機構。在美國的某些州，甚至還要求所有的驗屍官都提供死者的牙齒資料，並且規定失蹤超過三十天的人，司法部門有權索取失蹤者的牙醫檔案。這還不夠，美國國會還要求把全國失蹤兒童和青少年的牙齒資料輸入電腦，建立了相關的全國聯網系統，把全部資料都彙總到聯邦調查局的全國犯罪資訊中心（NCIC）。現在我們可以明白，為什麼美國的失蹤兒童 90% 以上都能尋回，科技的力量不容忽視。

　　由於牙齒結構複雜，全世界有兩百多種不同的牙齒圖表製作方法，由於美國很有影響力，所以把他們的方法稱為通用方

法。美國人把成年人的 32 顆牙齒中的每一顆標上一個數字，上牙右邊數第三位的臼齒標成（1），依次環繞整個口腔直到下牙的臼齒被標為（32）。每個人都可以繪製出獨一無二的描述曲線。1986 年，美國牙齒科學協會甚至編制了一項程式，然後透過電腦進行對比識別。美國公民在很年輕的時候就會對牙齒進行編碼，以備今後用於相關鑑定。目前的科學水準，甚至可以透過牙齒的咬痕來鑑定出人的身分。在土耳其就曾經發生過一件依靠一排牙印找到失蹤三年的嬰兒的骸骨的故事。所以，抽菸愛咬菸頭或者嚼口香糖又不注重地面衛生的犯罪分子非常容易被捕，愛咬人的暴力分子也容易落入法網。

　　牙齒鑑定身分不光是對人類有效，中國確定野生大熊貓數量時，也是靠齒痕來判定是否屬於不同的大熊貓，這被專家稱為「咬節法」。至於從哪裡找到大熊貓的齒痕，其實是從大熊貓糞便裡頭的碎竹子上找到的，據專家透露，熊貓糞便一點都不臭，全是「竹子的清香」。另外，牙齒還有個更重要的功能，就是攜帶 DNA，牙齒本身雖然主要由無機物構成，但是牙髓中卻可以提取出完整的 DNA。在美國的「911」恐怖襲擊發生後，世貿大樓的鋼架都已經融化坍塌了，可是受害者的牙齒還是保留了下來。法醫透過從牙髓中提取 DNA 樣本，為鑑別死者身分做了很大的貢獻。

你能證明你是你自己

之前我們花了很長時間講述關於牙齒的鑑定原理，但是有些讀者質疑：牙齒是可以整型的，如果一個人的牙齒做過一些小手術，而且是透過密醫之手（並沒有任何牙醫檔案）進行一個非常精確的手術，那還能透過牙印斷定他嗎？別擔心，牙齒不能判定的，還有其他方法可以判定，而且難以整型。

大家最熟悉的手指和腳趾的紋路就不用提了，我們先來看看最難整型的眼球。透過眼球的血管紋路來識別身分是一項比較高超的技術。雖然早在清末的 1885 年，這一年法國人在廣西被清軍揍了個痛快（中法戰爭），但法國國內仍不忘發展學術——巴黎的監獄就有人透過腳丫長度、耳朵大小、虹膜特徵來識別犯人。直到 1991 年左右，美國學者約翰森才在洛斯阿拉莫斯國家實驗室首次製造出一個真正可以自動識別人體虹膜的系統。緊接著的 1992 年，美利堅再接再厲，又出現了根據眼底血管紋路來鑑定身分的技術。而在亞洲，中國於 1997 年也有人申請了虹膜識別的專利。

虹膜俗稱「黑眼珠」（放眼全世界，或許還有藍眼珠、綠眼珠、褐眼珠、灰眼珠的說法），是眼球前部一層圓盤狀的薄膜，中央部分是瞳孔。早在胚胎的第七個月，人眼睛的虹膜就已經形成，在出生後六到十八個月定型，從此終身不變，身體

其他部位的大多數疾病也不會對其產生影響。由於胚胎發育和母親子宮環境的影響，虹膜具有獨一無二的特性，甚至連同卵雙胞胎的虹膜都不會一樣。由於眼睛的結構很特殊，虹膜還可以高度防偽，因此比起其他生物特徵識別技術的正確率要高出很多。透過紅外線分析、統計虹膜的特徵會發現，60% 的人左右虹膜是相同的，40% 的人是不同的；兩個人有一隻眼睛相同的機率是千萬分之一，而兩隻眼睛相同的機率是千億分之一，秒殺了指紋鑑別的正確率啊！這還不是最厲害的，虹膜具有生物活性，瞳孔會隨著光線的強弱調節大小，每秒中有十餘次的無意識縮放，在人腦死亡、重度昏迷或者眼球脫離人體的時候，虹膜會擴散為另一種狀態。所以想用死者的虹膜或者照片造假來唬弄虹膜識別機的，統統行不通。所以，虹膜常常被稱為人體最佳防偽標識。

還有些人的虹膜擁有更明顯的不同，如虹膜異色症，兩眼的顏色像波斯貓一樣不同，或者同一隻眼睛的虹膜上同時出現好幾種顏色。這種不太重要的「疾病」一般來自體染色體的顯性遺傳，發病機率只有百分之一，但大多數集中在白種人身上（以及很多日本動漫角色當中），病因是由於虹膜中色素分布不均勻。歷史上有一些名人也有這種奇特外貌，如東羅馬皇帝阿納斯塔修斯一世，只不過他那雙一黑一藍的眼睛並沒有為他帶來什麼超能力。還有一種虹膜畸形被稱為「雙瞳」，即虹膜上有兩個瞳孔，現代醫學有觀點認為可能是白內障的前兆。中國古代認為有雙瞳的人是很了不起的，史書上記載有雙瞳的

人有：造字的倉頡、上古賢王大舜、晉文公重耳、西楚霸王項羽、後涼國王呂光、北齊皇帝高洋、隋朝名將魚俱羅、南唐後主李煜（李大詞人是一隻眼睛有雙瞳）。

再回到虹膜識別的話題上，一種常見的識別方法是：虹膜像分披薩一樣被分成八個相等的區域，由電腦分別計算特徵。虹膜上還有瞳孔周圍的虹膜小環和虹膜根部的虹膜大環，以及許多凹凸不平的收縮紋，粗細不一的動靜脈血管等特徵可以作為識別標誌。除此之外，還有微積分計算法、橢圓定位法等。如今，很多國家已經掌握了透過紅外線掃描，在幾秒鐘內識別虹膜的技術，即使戴著墨鏡看儀器，也能把你認出來。在阿富汗，聯合國用虹膜識別技術鑑定難民。當然，如此高級的鑑定方法也不是沒有缺陷：機器有時候會出毛病，鑑定時保持良好的光源也很重要。

在遭受外傷或者虹膜病變時，虹膜可能出現萎縮、血管位移、血管新生甚至整個虹膜部分脫落的現象，甚至在顱腦外傷和腦供血不足時，也會導致虹膜上方部分缺損。這時候我們的鑑定就會遇到一些麻煩了。別擔心，人體上還有大把的線索可以使用，比如唇紋。

嘴唇紅色的褶皺部分，一生幾乎不變。在 1960 年代舉行的哥本哈根國際法學大會上，有巴西學者正式提出了要將唇紋用在識別個人身分上。日本專家鈴木和男在研究幾百名年齡位於 6 ～ 57 歲的日本人的嘴唇後指出，同卵雙胞胎的唇紋也

是不一樣的。唇紋和指紋一樣，具有獨一性，還有一定的遺傳性。有學者根據唇紋特徵清晰的程度和部位，將唇紋分為主紋、副紋和臨時紋三種類型，並認為前兩種具有人體識別的意義；也有學者根據形態學特點，將唇紋分為直線型、分叉型、交叉型、網狀型、水平短線型等。在美國加州就曾經發生過一起婦女在郊外被強姦的事件，這名女士在掙扎時，將唇紋留在汽車內，因此成了破案的關鍵。其他時候，比如用杯子喝水，也非常容易在杯緣上留下唇紋。不過杯子經常被擦洗，想要研究唇紋的學者恐怕難以取樣。相比於指紋和虹膜，深入研究唇紋的案例還真沒那麼多。有興趣研究的讀者可以選擇去王爾德的墓碑上取樣：自從 1909 年美男作家奧斯卡·王爾德的棺材被遷葬於巴黎最大的拉雪茲神父公墓後，女粉絲就不顧細菌前仆後繼的來這裡獻吻，一百多年來墓碑上布滿了來自世界各地的口紅印，以至於成為世界上女性唇印最多的地方，甚至導致唇彩中的油脂腐蝕墓碑的石料。另外，這位王爾德先生是一位公開出櫃的雙性戀，除了妻子外，還有許多親密的同性愛人，這讓許多單身直男情何以堪。目前，墓碑已經被清洗並套上了玻璃罩子，不過，印在玻璃上的唇印不是更好採樣嗎？

還有一些工作需要一些技術人員共同完成，例如聲音的鑑定。聲音也是每個人獨一無二的記號。人的發音器官分為聲門上系統、喉系統、聲門下系統，每個人發音器官的形態、構造都不同，每次發音也都需要眾多發音器官相互配合、共同運動。這些運動決定了語音的物理屬性（也稱語音四要素）：音

色、音長（快慢）、音強（響度）、音高（粗細）。這些不同的物理指標可以繪製出不同的圖形。一個人過了變聲期之後，發聲器官結構基本固定，其聲波紋路終身不變。由於每個人發音器官都有細微的差異，加上後天語言環境不同，導致聲紋和指紋一樣，每個人都是獨一無二的，即使在相同環境中長大的同卵雙胞胎，即便誰也分辨不出兩人的聲音，其聲紋圖像也是有區別的。

相比於指紋、齒痕等傳統的鑑定方式，聲紋鑑定簡直可以說是來自變形金剛中賽博坦星球的黑科技，它伴隨著現代語音學理論和電聲技術的發展而出現。在 1941 ～ 1944 年期間，美國的貝爾實驗室（就是發明電話的科學家的實驗室）有一名和巫師同姓的 R.K · 波特為了讓聾人能夠透過看圖來識別聲音，研究出一個被稱為「聲譜儀」的高科技產品，實現了語音的圖形化顯示，這可是語音學上里程碑式的發明。到了 1950 ～ 1960 年代，美國的電話行業已經相當發達，滿足了美國人民溝通方面的需求。可這時候犯罪分子也沒有閒著，他們開始利用電話詐騙、恐嚇、誹謗、敲詐勒索、誣告陷害、打騷擾性報警電話等，「電話犯罪」一下子成為一種「時尚」的犯罪途徑，並一直活躍到今天。不同於其他大部分案件可以收集大量的線索，電話犯罪留下的唯一線索就是電話錄音，為了維護法治社會的正義，美國加速了聲紋鑑定的研究，終於在 1962 年得出結論：人類的聲紋沒有相同的，聲紋鑑定的準確率高達 99.65% ！因此，美國司法部正式宣布，聲紋鑑定可以作為

法庭證據。大洋彼岸的日本也馬上用到了這門技術。在 1963
年，日本發生了轟動一時的「兒童吉展被綁架案」，一時間成
為全社會關注的焦點。該案件的唯一線索是綁匪的電話錄音，
日本警察廳委託美國聯邦調查局進行聲音鑑定，在名刑警平塚
八兵衛的努力下，終於在兩年三個月後逮捕了嫌疑人鐘錶商人
小原保。但是此次聲紋鑑定並未在法庭上成為證據，而是靠外
號「喧譁鬼」的平塚八兵衛突破心理防線的審訊讓小原保認罪
的。該案件對日本的影響十分深遠，直到四十多年後的 2009
年，朝日電視台還播出了根據此事改編的日劇《一代刑警平塚
八兵衛之昭和事件》。直到 1980 年，東京高等裁判所才明文規
定：聲紋鑑定可以作為法庭證據。此後，一貫喜好鑽研的日本
人建立了日語聲紋識別方法，還重點研究了聲紋的長期變化、
雙胞胎聲紋、高音調的女性聲紋、偽裝過的聲音聲紋等。

　　聲音鑑定首次應用於重大國際案件是在 1983 年，當時
菲律賓前反對黨領袖小班尼格諾·艾奎諾（Benigno Simeon
Aquino, Jr.）回國時，在馬尼拉國際機場被槍殺，一名穿運貨員
制服的人被當成罪犯當場打死。可是當時恰好有一名日本記者
錄下了現場的錄音，經過日本音響研究所所長鈴木松美使用他
為警方研製的電腦聲紋鑑定系統這麼一分析，發現艾奎諾身邊
的軍官在他被殺之前說了關於刺殺艾奎諾的話，因此成為案件
的關鍵性證據，真正的兇手是警備隊的幾名軍人。

　　人的聲紋有大大小小八十幾個特徵可以用來比對，比如語
音速度、言語習慣、鼻音輕重、變音、變調、節奏、清晰度、

流暢度、口頭語、贅語、虛詞、言語缺陷（口吃、歪嘴、大舌頭等）。同一個人說同一句話，聲譜儀記錄下來的聲紋圖像永遠相同；不同的人說相同一句話，聲紋線則因人而異。由於聲紋是語言的多種特性的圖譜，所以一般聲紋鑑定至少需要比對八種圖譜，如波形圖、二維聲譜、三維聲譜、振幅曲線等。透過很多複雜的變數，如振幅曲線參數、基頻曲線參數等，來實現聲音的對比。說了這麼多，是不是感覺像看天書一樣？我們光看文字都這麼吃力，更別說實際操作的這些鑑定人員了，真正的聲音鑑別是一項非常費時費力的工作，這是制約聲紋鑑定事業發展的主要因素。

再回到識別聲音模仿秀犯罪的破解方法：在聲紋鑑定中當然會遇到很多干擾因素，如背景噪音干擾、傳輸頻道變化、疾病、醉酒、心理緊張、情緒變化、偽裝聲線等，使得同一人的語音在不同情況下存在差異，但就算你再厲害，你也不是黏土捏的，發音器官構造是改不掉的，所以上述這些聲音差異在鑑定上被稱為「非本質差異」。因此，有時聲紋的鑑定需要專家人工鑑別，有經驗的專家可以區分這些非本質差異。那麼，如果我有柯南的變聲蝴蝶結，把聲音調整成其他人的，有沒有辦法被識別呢？其實變聲器主要改變的是音調（即聲音粗細），並無法改變聲音的其他指標，用其他工具，如對講機、電話、麥克風等，也會讓聲音聽上去失真，這主要也是改變音頻的聲調，但是聲音有那麼多指標，並不會影響鑑定。

基因鑑定

　　進入 21 世紀了，基因鑑定在法醫工作中發揮了越來越重要的作用。基因是控制生物性狀的基本遺傳單位，分布在 DNA 或 RNA 上，而 DNA 是染色體的主要組成部分。人的染色體有 46 條，平時都窩在小小的細胞核裡，這下你們能想到這個概念有多微觀了吧！

　　早在西元 1860 年代，奧地利的孟德爾神父就提出了遺傳因子的概念。這位「不務正業」的修道院長透過種植豌豆、玉米、紫羅蘭等植物，發現了著名的孟德爾遺傳定律，後人將其稱為「遺傳學之父」。以他的研究作為基礎，後來的科學家突飛猛進，更加深入的認識了基因的奧祕。在 1950 年代，來自英國的克里克和來自美國的華生共同發現了 DNA 的雙螺旋結構，讓人們開始真正從分子生物學角度來認識基因：原來每個基因上都有成百上千個鹼基對編碼，除了同卵雙胞胎（還有三胞胎、四胞胎）外，這些編碼每個人都不同。不過即使剛出生的時候基因編碼相同，在今後的發育中也會產生不穩定的突變，導致雙胞胎會在某些方面出現差異。由於人全部的鹼基對有 60 億對，雖然人類的大部分 DNA 是相同的，但仍然不影響 DNA 的高度複雜性，可以做到真正將 70 億人區分開來。

　　1985 年，英國遺傳學家 A.J · 傑弗里斯（Alec John Jeffreys）

建立了 DNA 識別技術，並應用於一起涉及移民的親子鑑定，從此開闢了法醫科學中的新天地。如今，法醫基因鑑定已經成為一種集合遺傳學、生物化學、分子生物學和電腦學等多門學科的交叉和綜合應用。DNA 鑑定讓一切生物物證都能成為法醫鑑定的證據，任何現場遺留的血跡、精斑、尿液、唾液、指甲、毛髮、汗液等都能成為決定性的證據。有些紅色染料與血液也非常相似，要確定是不是血液，就需要用到一種叫魯米諾試劑的化學藥品。該試劑又稱為發光胺，即使是擦拭過的或者很久以前的血跡，遇到它也會發出螢光。不過後來法醫漸漸發現，這種試劑只能用來找到血，不能用來確定血液，因為它遇到排泄物、銅、某些漂白劑甚至辣根的時候，都會發光（要是在洗手間、漂白劑工廠或者某些餐廳發生案件，就會出現很多麻煩），所以要明確鑑定是否為血液，還需要在後期透過顯微鏡觀察血球。

相比於其他鑑定，基因鑑定的優勢非常明顯，首先證據中的資訊量極大，一個小小的細胞裡包含的資訊，比一整套歷屆學測考題的資訊量還大。DNA 的取材廣泛，任何一個細胞都可以拿來檢測，同一個生命體任何部位的細胞都攜帶著相同的基因；而且有些樣本的穩定性極高，保存十幾年的血痕、精斑都可以進行 DNA 分析。現今基因檢測技術結合了電腦技術，讓這項「黑科技」變得更加快捷、自動、高敏度，僅奈克（ng，0.001μg）級別的材料都可以拿來檢驗。檢驗完之後還可以隨時存入全國聯網的資料庫進行對比，透過網路檢索破案，

讓人不由得感嘆，現在犯罪越來越難了。

提起基因鑑定，大家首先會想到親子鑑定（通常是涉及拐賣兒童、強姦受孕、離婚、移民、尋親、繼承權等相關的家庭倫理問題）。其實基因鑑定的功能遠遠不止這一條，它可以用來舉證兇殺、械鬥、性犯罪等；可以用來檢驗留在犯罪現場的毛髮、汗液、皮屑、唾液（包括口香糖、菸頭、吃剩的食物、戴過的口罩等）屬於誰；可以認定災難現場屍體的身分；甚至可以應用到涉及器官移植、醫療糾紛等案件中。在某些案件當中，還會涉及案發現場的動物、植物甚至微生物的基因鑑定。有些基因的鑑定一目了然，如 Y 染色體只能由父親傳給兒子，粒線體 DNA 只能由母親傳給孩子。粒線體是存在於細胞質當中的組織，是有氧呼吸的重要結構，其中含有少量的 DNA，不像染色體中的那樣呈現雙螺旋結構，而是單倍的環形。由於精子細胞質含量極少可以忽略，所以一個人的粒線體 DNA 只能來自母親。另外一些不那麼容易看出來的就需要具體測定了。DNA 的測定需要經過一系列的複雜過程。

常見的基因檢測法是 STR 短片段重複標記，要檢查十六個基因位點，但是這項技術的儀器價格較高，檢驗成本大，而且所要求的熟練度也不是一般新手法醫能把握的；有些實驗室沒有這種高級儀器，就用硝酸銀染色法，只檢驗九個、六個甚至三個基因位點，其準確度就比螢光標記法低一點了。

採集 DNA 樣本也是個細緻的工作，不同的樣本要用不同

的方法來處理。如果樣本是人體內的新鮮血液，就要求工作人員在保證無菌的前提下，一次性注射抽取 1 ～ 5mL 靜脈血液，放入試管加入名為檸檬酸鈉（又名檸檬酸鈉）的抗凝劑，充分搖勻後密封，或者將抽取的血液塗抹在無菌紗布或濾紙上，製成血痕「採樣卡」。當然，血液對於 DNA 分析是最有力的。血液樣本裝入試管之後，要在試管上標記日期、時間、地點、嫌疑人姓名、採血量、案件名稱編號、物證編號等。

如果是現場地上的血液，也要用清潔無菌的針筒或者一次性吸管採集，至於凝固的血塊，可以用乾淨的藥匙把它採集到試管內。或者也可以用清潔的紗布吸取血液或血塊，晾乾後送往實驗室。

如果是在冰雪或者水中的血液，那怎麼辦呢？在發現之後就要立即提取，以免被進一步稀釋，而且盡可能選擇最濃的部分，盡快收集到合適的容器裡。

那麼如果自己的衣服上有血跡，該怎麼收集呢？首先要把衣服放在一個清潔的地方晾乾，同時避免陽光直射。切記不能用吹風機之類的工具加速乾燥，熱風會破壞血液當中的一些成分。晾乾之後用乾淨的紙包裝起來，千萬不要抖動，以防止乾燥的血痂掉落，然後將整件衣服送往實驗室……如果血液留在物體上，小件的物體就晾乾後包好送到實驗室，大件的物體，比如數公尺高的銅像啊，一整頭奶牛啊，一堵牆啊，像這些不容易挪走的，還是要轉移到紗布上然後放到紙袋子裡。如果這

些大物體上的血都乾了，那該怎麼辦呢？首先要保護現場，記錄、照相、畫下血斑的形狀；然後用蒸餾水潤溼的紗布將血跡擦拭後轉移，或者直接用清潔的紙片將其刮下來，如果這些都比較難做到，也可以用高黏度的膠帶將每個血斑都黏下來，或者用小吸管吸取少量蒸餾水放在血斑上反覆吸水放水多次，將血洗下來。

如果血跡在可切割的物體表面，比如地毯、窗簾、床單或者沙發套上面，就可以在拍照記錄後，用乾淨的工具將帶有血跡的部分切割下來，對每一塊切下來的部分都分別包裝好並做好標記。如果血點像芝麻一樣非常小，很難從物體表面採集，也可以在記錄後，用膠帶或者溼潤的消毒棉紗線慢慢提取，就像某些女孩除臉上的汗毛一樣，一定要注意避免周圍區域的汙染。如果血跡在汽車上，則一定要在採集的同時確定汽車外表面有無毛髮、人體組織及其他痕跡物證，並且記錄所有發現，最後用溼潤的紗布採取血斑。

還有一種最恐怖的情況就是屍體上帶血，為了確定這些血液是不是死者本人的，還必須採集化驗，這時候，依舊需要記錄血斑的位置、大小、形狀、數量和類型，並在屍體移走之前將其提取。這個過程要用溼潤的紗布輕輕擦拭，盡量不要取下屍體本身的皮膚細胞。有時候會遇到指甲縫裡有血斑的情況，這時候就要用牙籤把血斑輕輕刮下來，並把指甲也剪下來，指甲和牙籤要分開包裝化驗。

血液的化驗就涉及很多複雜的化學藥品了，經過一系列複雜的混合、離心、溶解、沉澱，最終得到 DNA 溶液。如果是乾涸的血斑，則要用一種叫做 TAE 的溶液（全名三羥甲基氨基甲烷氯化鈉 EDTA 緩衝劑）來溶解剪碎的血斑，再進一步提取。

有人或許會問了，基因不是會突變嗎？即便是雙胞胎，也有可能這邊多塊斑，那邊多顆痣，這些都是成長過程中的小突變啊。其實，這些突變真的是很小很小的突變，有的只會改變幾個鹼基對的順序。只有特殊識別位置的突變，才有可能造成重大影響，可是普通的突變不會改變基因的位置，其他還有那麼多識別位置可以參考呢。這種突變在生物學上有研究價值，在法醫學上「應用價值有限」。

很多性侵導致懷孕的案件會需要鑑定胎兒的 DNA。至於和胚胎基因進行對照的樣本，除了要採集受害人和嫌疑人的血液，還應該盡量多採取嫌疑人父母、兒子的血液，如果條件不具備，也可以採取其同胞兄弟的血液，這樣準確度才會高一點。

另外，涉及親子鑑定的時候，不一定非要取胎兒的細胞，取羊水就可以了。羊水是懷孕時子宮羊膜腔內的水分，因為最早發現在羊身上，所以取了這個名字（我們要慶幸早期科學家沒有拿豬狗做實驗）。羊水是維持胎兒生命的重要物質，在懷孕頭三個月，羊水主要來自胚胎的血漿，之後隨著胚胎不斷成

熟，還會混入各種胎兒的尿液、消化系統和呼吸系統的分泌液等——這樣說來，我們每個人都喝過自己的尿，真是細思極恐的一個事實。一般而言，羊水的容量會隨著懷孕週數而變化，開始時是越來越多，從 36 週後又逐漸減少，羊水容量整體範圍處於 300 ～ 2,000mL 之間。羊水成分有 98% 都是水，其他還有無機鹽、激素和胎兒脫落的細胞，所以完全可以用來鑑定胎兒的 DNA。一般透過小腹穿刺採取羊水，這就難免會沾染母體的 DNA，所以鑑定的時候還要排除母體的這部分。羊水標本一般要進行兩次獨立檢測，結果一致才會公開。如果胎兒已經生下來，則通常用臍帶血作為檢驗的樣本。

基因檢測是個細緻的工作，雖然有電腦幫忙，但是最快也要六個小時；如果只有骨頭的話，可能需要一個星期才能得出結果。但是，為了偵破疑難案件，為了保護社會不再被破壞，為了維護世界和平，為了抓住那些不可愛又沒有魅力的反派角色，多在實驗室待一個禮拜也值了！

不能忽視犯罪現場的任何細節

血跡之類的東西是非常明顯的，可是有很多犯罪現場是沒有血跡的，這時候就需要檢驗其他可能攜帶 DNA 的線索了，

包括精液、唾液、汗液、皮屑、毛髮等。

很多案件會用到精液作為物證。當在現場發現精液的時候，需要用類似採集血跡的方法，用吸管或者針筒將其轉移到無菌的試管當中，或者用乾淨的紗布、棉球吸附，然後晾乾、包好、貼上標記。如果是在褲子、衣服、面紙、床單、手帕等物品上發現精液，則一定要等它晾乾，然後將所有帶痕跡的物證分開包裝。如果精液分布在可切割的大物體上，那就別猶豫，還是切下來帶走。如果是不可移動的不吸水的表面（如地板、牆面、瓦斯爐），那麼在收集之前一定要做好採證紀錄。然後可以用解剖刀把精斑刮下來用乾淨的紙片包好（沒想到解剖刀還有這種功能吧），或者是用膠帶黏下來、用棉球擦下來，就看哪個你用起來最順手了。有些犯罪還要從受害者身上提取液體作為物證，這時候法醫彷彿變身為保健室的醫生，在心態非常正直的前提下，在醫院或者門診室對受害者進行採集（保護受害者的隱私），用無菌紗布或者棉球在受害的位置（嘴、生殖器官或排泄器官）擦拭採集。這裡需要注意的是，擦拭物不宜過大，以防精液不集中影響檢驗，最後照例是要晾乾。用精液進行檢驗的方法基本和血液差不多，但是需要先取 0.5mL 放入試管，加入生理食鹽水，洗滌兩三次，然後放入離心機，以每分鐘三千轉的速度轉五分鐘，就能得到一些沉澱物，再加入一些特殊的提取液和酶混合均勻，然後模擬人體的37°C體溫，將試管放入這個溫度的水中保溫三小時，最後加入酚來進行提純，之後的步驟就和檢驗血液的一樣複雜了。如果

採集到的液體是男女兩人的混合物，則需要透過等複雜的化學試劑將兩種細胞分離。人的性染色體有兩條，正常情況下，所有的女性都是 XX，而所有的男性都是 XY，至於其他特殊的 XXY 的同胞以及其他更特殊的族群，由於人數太少先不討論。Y 染色體是區別男女基因的重要指標，不管是男女混合的唾液還是其他液體，都可以透過尋找 Y 染色體來區分。

如果發現的屍體血液幾乎已經凝固，或者是單獨的器官、人體組織、骨骼等，這時候也需要先對所有的物證進行拍照、分開標記；每個物證都要用清潔的工具分開採集，所用的鑷子要澈底消毒清洗。如果屍體已經比較腐敗，那就要採集深層的肌肉或者肋條上的軟骨，放入清潔的容器當中，最後，密封放冰箱，送到實驗室檢測。假如孫二娘的店被查抄了，恰巧最近生意不太好，廚房有一些陳舊的人體組織，那麼法醫在動手之前需要拍照畫圖，記錄大小、類型、形狀和其他空間關係。如果組織仍然連在一起，不要人為把它分開，採取骨骼的時候盡量拿長骨，將來可以檢測骨髓中的 DNA。國外曾經發生一起碎屍案，受害人被剁成幾百塊，而且屍體腐敗相當嚴重。法醫採取了二十多份樣本，最後終於在米粒大小的一塊肋骨中成功提取了 DNA。

唾液（含有口腔上皮細胞）、尿液（可能含有脫落的腎小管死細胞）、汗液（可能含有皮屑）等液體，如果是液體樣本，就像收集血液一樣收集；如果液體已經風乾，依舊用工具刮下來，這個工具也要包好送去檢測。

皮屑也是非常重要的證據，皮膚是人體最大的單一器官，一個人的皮膚差不多 $2m^2$，和大號雙人床的床墊差不多，人體表皮細胞的壽命只有 27 天，也就是說不到一個月，人就會換上一層新皮。這個過程中要掉多少皮屑可想而知了。不過皮屑很容易和其他灰塵混在一起，在採集的時候一定要非常小心。除了明顯的皮屑外，法醫通常最關注的還是死者指甲縫裡的頭部皮屑。

毛髮也是重要的證據之一。人的毛髮作為表皮的衍生物，主要成分是角蛋白。具有耐腐蝕、不易毀壞、不易變形等特點。不同民族的人的毛髮也不盡相同。單純的毛髮是無法檢驗 DNA 的，但是有了毛囊就不一樣了，當中的人體細胞可以用來檢測鑑定。在採集時，要用清潔的鑷子夾取，不在一起的毛髮要分開包裝，一定要小心不要碰壞毛髮根部的毛囊。如果毛髮和血液、精液等混合在一起，則要等晾乾後再分開包裝送去檢測鑑定。

有一種叫 Chelex-100 的化學藥品經常用於提取 DNA，這個聽上去像是柯南中黑衣組織的神奇藥丸的東西，實際上分類屬於聚苯乙烯二乙烯基苯，這東西其實是一種離子交換樹脂。不過，用這種化學藥品，都要先在 56℃的水中保溫半小時至一小時，然後震盪八秒鐘，再放入 100℃水中保溫八分鐘，再震盪八秒鐘，以每分鐘一萬轉的速度轉三分鐘，取上清液進行檢測。類似的方法可以用於檢測精液、唾液、毛根、羊水和其他有細胞核的組織。

在分析的時候，需要選擇某些基因作為定位指標，並對比嫌疑人的基因，如果高度符合，則說明樣本來自嫌疑人或嫌疑人的直系親屬。

基因鑑定雖然準確度非常高，但並不是萬能的，很多時候，死者的 DNA 會受到外界環境的影響，比如火化過的屍體。由於現在都是比較高效的焚屍爐作業，會把人體中的無機物全部燒光，最後剩下的骨灰就像煤渣一樣，不會保留任何基因（如果焚屍爐內溫度不到 1,600℃ 的話，牙齒還能保存下來用於鑑定）。另外，時間也是個不可忽視的因素，像放射性元素一樣，DNA 也有它的半衰期，大概是 521 年，也就是說，每過 521 年，DNA 的分子鏈就有一半會斷裂：在人去世後 521 年，完整的 DNA 分子鏈就只剩下 1/2，再過 521 年則剩下 1/4，每階段都減少一半。不過，現在的基因測定技術也是要把大分子鏈剪成幾百個鹼基對的小短鏈才能開始測定，所以這並不是多嚴重的問題，只不過難以測出 100% 準確的基因序列。因此理論上，透過佛牙舍利是可以測出釋迦牟尼的基因的。佛祖死於西元前 483 年，到現在為止，遺骨中完整的 DNA 存量大概有 3.6%，這是難不倒我們的專家的。再舉個更厲害的例子，生活在數萬年前的尼安德塔人，其骨頭還能夠用來測定基因順序。

對於除了骨頭和不易腐蝕的頭髮以外的其他組織，其腐敗程度越高，DNA 被損壞的程度就越大，化學汙染和酸鹼度也會嚴重影響基因的完整。至於普通程度的高溫，比如開水煮、

油炸，只要不碳化，都可以進行鑑定，要是單獨一塊人體組織炸爛的話，就只能另尋他法了。

基因鑑定最大的殺手是汙染，在整個過程中，細菌、真菌、其他動植物甚至定序的工作人員的基因都有可能汙染樣本，所以測定基因的工作必須在嚴格的保護措施下進行，這工作不是你想做就能做，不夠高級的實驗室還真做不了。想要防止汙染，在提取、保存、送檢過程中就要嚴加把控，避免反覆使用同一套工具，保障嚴格的防範措施，因為檢驗材料之間交叉汙染的機率特別高。更嚴重的是，如果在檢驗過程中不小心，導致送檢的樣本和嫌疑人身上採集的樣本相互汙染，就會造成比竇娥還冤的冤案了。在實驗室裡也有很多汙染因素，如藥品、儀器等，任何一處小地方都不容忽視。DNA 鑑定的誤差雖然小於千分之一，但是對於案件當事人來說，那可是百分之百啊！

建立失蹤人員及其父母的 DNA 資料庫也非常重要，不僅可以進行屍源的認定，也可以幫助被拐賣兒童尋找其親生父母。目前，英國、美國和日本已經建立了相當規模的基因資料庫。

早期的 DNA 鑑定只能辨認血型之類的簡單指標，只可排除，不可作證，如今的 DNA 鑑定可要準確得多，將來還有可能把每個剛出生的嬰兒的 DNA 資訊都錄入基因庫當中，這樣就真的無限接近天網恢恢疏而不漏了。至於很多人擔心的隱私

泄露問題，請放心，DNA 資料庫只能用於刑事調查，不可用於社會調查，對於基因的採樣、運輸、保管、實驗、對比、解釋等，都必須進行嚴格的管控。不得不說，這讓本來就神祕的基因鑑定又增加了一分神祕感。

冷門生僻的鑑定方法

　　除了之前提到的諸多方法，還有一些比較冷門的方法可以推斷身分。這些方法之所以冷門，有的是因為準確率不高，有的則是因為操作起來非常辛苦。比如，有一種經常被提及但是現在又不太常見的鑑定技術，稱為血紋鑑定。一個人身體裡的血液有 4 ～ 5L，每天大約更新 40mL（如果你能活七十年，就會換血 1,000L），紅血球的壽命是 120 天，但每個紅血球都會經過心臟在人體循環 7.5 萬圈，總行程超過 1,600km。這些大量的紅血球中有複雜的蛋白質分子，所帶的電荷是不一樣的，根據一種叫「電泳」的技術，可以產生一些類似水波紋的環形圖，這就是血紋。血紋相同的機率為 1/75,000，現在看來這個技術已經不那麼可靠了，以至於在網路上很難查到相關資料。

　　知名度不高的鑑定方法還有以下幾種，血管紋路鑑定：這種方法依據的理論認為，人的血管紋路也是獨一無二的，透過

紅外線掃描手掌，可以獲得手掌血管紋路的圖像，然後確認人的身分。不過，既然測了手部的指紋，如此大動干戈是為什麼呢？

手掌幾何學識別：該技術透過分辨手指和手掌的物理特徵，來達到識別身分的目的，其準確度非常高——貌似是廢話，指紋加上另外的指標當然準確度高了。因此在有些時候也是比較受到青睞的，尤其是某些人想表現身分地位的時候。

耳朵識別：人的耳朵看似差別不大，其實每個人的耳朵也略有差異。英國有研究人員透過將特殊的光束打在耳朵上，然後用電腦模擬出人耳朵的幾何形狀。在掃描嫌疑人耳朵進行對比後，據說準確度高達 99.96%。可是耳朵的形狀太不規則了，作為一個梵谷都畫不好的器官，它並不像指紋那樣一目了然，而且耳朵的外觀也會受頭髮、耳墜、其他首飾等的影響。耳朵的形狀雖然終身幾乎不變，但是骨骼停止生長之後，耳朵還會漸漸變大，所以古代人常說大耳朵長壽，其實是長壽老人耳朵大。鑑於這麼多困難，所以這項技術至今得不到推廣。

步態鑑定：該技術透過攝影機採集人體行走時候的動作，進行處理後得出資料來進行比較。這項技術一般只在錄影比較模糊的情況下使用。透過分析處理（包括運動檢測、特徵提取和處理識別三階段）運動圖像的序列，從而達到身分鑑定的效果。聽上去是不是很神奇？但是實際操作時還會遇到很多問題：角度不一樣，穿的衣服不一樣，戴的東西不一樣，拍攝的

輪廓都會大相逕庭。如果幾個人都可以模仿某人的跑步姿勢，那要怎麼識別呢？因此，目前這也是一種沒有辦法的辦法，而且不能作為鐵證。

筆跡識別：又叫簽名識別。雖然根據某些觀點，這種識別的準確度是非常高的，但是人的簽名實在是千差萬別，你自己寫名字也不敢保證每次都一樣，而且不同語言的使用者寫字都會不一樣。也就是說，「見字如面」是一種聽起來很厲害，但是沒人會的高級技術，想要大範圍應用？先讓電腦能識別所有手寫體的字再說吧！

面部識別：這項技術大家應該不陌生，許多公司都有人臉打卡這一機制。但是各位也都很了解人臉打卡的缺點，換髮型、化濃妝、光線太強或太暗、臉有傷之類的，都會影響識別。雖然可以在某些程度上判定身分，可是能依靠路口的監視器識別雙胞胎嗎？呵呵，想要做到完全精確識別，技術部門的人還有很長的道路要走啊！

上面這麼多內容中，我們介紹了各種鑑定身分的方法，或許有很多讀者早已按捺不住了：最最著名的指紋鑑定怎麼能被漏掉呢？我可能讀了一本假的法醫書吧！手指紋路的鑑定歷史悠久，方法五花八門，就算專門出幾本書來說明也不為過。指紋的鑑定需要有藝術家一樣的嫺熟技巧：有時像個雕刻家，有時像個攝影藝術家，有時甚至像一個金屬冶煉的藝術家。筆者害怕大家看了太多與實驗相關的內容會產生審美疲勞，在此就

不詳述。

　　接下來是更常見且實用的法醫技能，就是識別不同的傷痕啦！

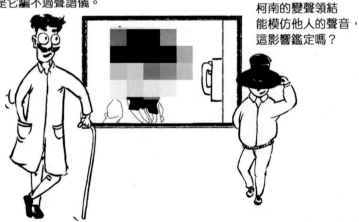

模仿出來的聲音，
甚至能騙過本人，
以為是自己在說話，
但是它騙不過聲譜儀。

柯南的變聲領結
能模仿他人的聲音，
這影響鑑定嗎？

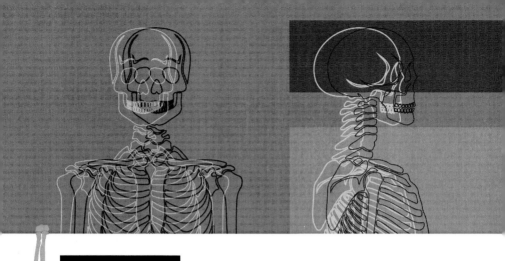

第三篇、

惡之殺器迫近

——損傷剖析

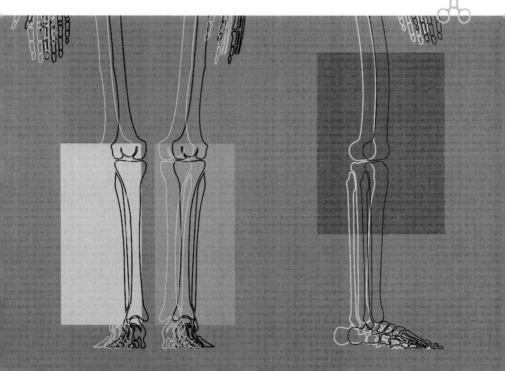

「一百萬種」方法讓你受傷
──機械性傷害

　　傷痕鑑定並不是一個科學的概念，而是法醫在實踐中有意把法醫臨床鑑定（俗稱活體損傷鑑定）和死因鑑定結合在一起產生的。也就是說，法醫不僅需要鑑定死者身上的各種傷痕，沒被打死的受害人身上的傷痕也要靠他們來鑑定。

　　無論是受害人未致命還是死者，身上都難免有傷口，說專業一點，叫人體損傷，也就是外界因素導致組織結構破壞或出現功能障礙。損傷主要來源於三方面因素：物理性、化學性和生物性。物理性損傷的因素包括：機械外力（不僅僅是工業上所說的機械，而是物理學機械運動的機械）、高溫、低溫、電流、放射線等。化學性損傷的因素包括：各種有機或無機的化學藥品，主要是各種強酸強鹼之類的。生物性損傷包括各種動物、植物、微生物，可以說損傷的危險充斥在我們生活的各個角落，我們就先從最常見也最明顯的機械外力造成的損傷開始吧。

　　人的皮膚在動物當中算是很薄的了，厚度只有不到1.5mm，全身的皮膚總重約2.9kg，所以很多種方式都能造成外傷。當然除了外傷，還有很多內部的損傷，這些所有因為力學方面的刺激，即機械性暴力引起的傷，都被稱為機械性損

傷。機械性損傷的分類方法也有很多：按照工具可以分為鈍器傷、銳器傷和火器傷；按照施暴者的身分可以分為自殺傷、他殺傷和意外傷。至於各種損傷形態就更多了：什麼擦傷、挫傷、骨折、內臟破裂、肢體離斷等，簡直數不勝數。在此我們要感謝那些辛勤工作的法醫前輩，正是他們用解剖刀解剖觀察了無數死者，才讓我們知道這些創傷的具體特徵。

機械性損傷的形式只有三種：一種是運動的物體對靜止的人體造成打擊，比如被高空掉下的花盆砸傷的樓下乘涼的老爺爺、被鉛球砸到的觀眾、躺著也中槍等。第二種是運動的人體撞擊固定的物體，比如踩到肥皂摔在地板上、跳樓摔死在地上、走路的時候只顧滑手機撞上電線桿之類。第三種是運動的物體對運動的人造成撞擊，比如說汽車撞行人，鬥牛追著鬥牛士，兩個相撲手互相攻擊造成意外事故，奔跑時膝蓋中了一箭等。

按照機械性損傷的嚴重程度，可以分為「絕對致命傷」、「條件致命傷」和「非致命傷」。絕對致命傷能直接導致死亡，在目前的醫療條件下，不管你是身體素養多麼好的人，都足以直接致死，比如頸部大動脈割破、頭部外傷性粉碎、心臟等重要臟器嚴重損毀等。條件致命傷則是只有在某種不利條件下才會導致死亡，比如棍棒擊打頭部導致顱內出血、四肢多處骨折導致休克，腸道被刺穿等，在搶救及時的情況下還有可能撿回一條命。而非致命傷一般不會死人，傷情分為重傷和輕傷。

各種傷痕種類的判斷，大多都是以致傷物來命名的，所有判斷致傷物的過程幾乎都要依照以下五個步驟：①根據損傷的形態推斷；②根據組織中殘留物推斷；③根據致傷物附著痕跡推斷；④根據衣服上的痕跡推斷（如果在傷口處或附近有衣物的話）；⑤模擬損傷實驗。

至於傷口的形狀，我們可以先從大家津津樂道的銳器傷開始說。銳器傷是由帶有刃或者尖銳頂端的器具造成的開放性損傷（就是皮膚肯定磨破了），不僅限於刀、劍、斧頭、鉤子、叉子、矛、箭頭、釘子等，甚至瓷片、玻璃片和木頭刺都會造成銳器傷。銳器傷的特點有（可以買塊帶皮的肉用菜刀砍一下並觀察）：皮膚及皮下組織解剖結構的完整性遭到破壞，形成開放性創口；創口張開，出血較多，創壁光滑，創緣整齊，創底較深，創角較尖銳，創壁之間無組織纖維連接，嚴重的常傷及深部的組織和器官。

再分得細一點，銳器傷的傷口還能分為四大類：切創、砍創、刺創、剪創，前三種用一把尖刀就可以完成，最後一種如果想做實驗看的話，最好準備一個羊蹄或者蘿蔔也行。

我們先看看切創的特徵，切創是有鋒利邊緣的物體壓迫皮膚並拖拉造成的，通常傷口比較淺，多分布在動脈區域。造成這種傷的工具，專家稱為「切器」，一般刃口比較薄，如菜刀、剃刀、刀片、手術刀甚至玻璃片、薄鐵皮等。這種傷口屬於比較溫柔的，一般都是自殺造成的，所以傷口位置幾乎都在

自殺者自己能搆到的位置，比如手腕、脖子、肚子，還有自宮的時候切的地方。割腕自殺的人有時候會因為害怕無法一刀割破動脈，所以手腕上會出現好幾道傷口，被稱為「試切創（hesitation marks）」。當然，被他人殺傷的受害者身上有時也會有切創，萬一遇到一個不是窮凶極惡的兇手，下手不是特別狠的話，受害人身上也會有切創，通常在手指、虎口、前臂等位置，稱為「抵抗傷」。

　　和切創有些類似的是砍創，相比於切創的婉約，製造砍創的絕對都是豪放派，代表人物有用板斧的李逵，用大刀的關公，力劈華山的沉香，以及很多風格各異的斬首執行人。如果說切創的用力是橫向的，那麼砍創的用力就是縱向的。砍創需要揮動一個質量較大的凶器，專家稱之為「砍器」，包括菜刀、鍘刀、柴刀、斧頭以及鋒利的鐵鍬、鋤頭等。用刃砍擊人體造成的傷，一般創口很深，甚至會在骨頭上留下傷口或骨折；創口周圍一般有表皮剝落、挫傷，因為砍的工具一般都沒有切的工具鋒利，而且比較厚；創口角沒有切創的創口角銳，有的甚至開裂；創口的長度基本與砍刃的長度相等；如果砍到骨頭的話，經常有工具的殘片留在骨質當中。和切創不同，砍創一般都是他殺，傷口最常見於頭部，然後是四肢和胸背部。自殺事件中的砍創幾乎沒有，頂多是自己剁手指、手腕、腳腕什麼的，這也死不了人啊……至於自己砍自己腦袋之類的，就算是瑜伽高手也施不上力。除非是自己上斷頭台自己拉繩子，這才能把自己腦袋砍下來。至於過去小說中經常出現的砍掉或

者切掉自己腦袋的悲壯案例，請純粹當做文學加工。人的脖子比想像的要結實得多，切斷動脈或者氣管時人就已經沒力氣了，砍斷頸椎這種高級技術怎麼能自己做到？即使是臂力過人的劊子手，砍頭也不是硬砍的，因為刀是國家的，砍頭的時候要審批了才能「請」出來用，非常寶貴。平時他們會養一隻猴子，沒事就摸猴子後頸的骨節，了解其構造，還經常沒事就跟在別人後頭觀察脖子，砍頭的時候刀刃從頸椎的骨頭縫當中砍下去，就能保證一刀斬首。要是一刀沒砍下來，那職業生涯可是要添汙點了。當然也有為了方便家屬縫合，拿了賄賂，故意讓脖子連著一點皮的⋯⋯說了這麼多，好像有點離題了，我們繼續來了解銳器傷。

刺創也是一種銳器傷，是尖銳的物體沿著縱向刺入人體而形成的管狀創口。完美的「刺器」是有尖無刃的，如錐子、螺絲起子、釘子、釬子、削尖的木棒、竹竿等，尖端可以是圓錐形、菱形、扁平形甚至不規則形。當然現實生活中帶刃的刺器也不在少數。古代很多名將都是用長槍的，神出鬼沒，因此槍被稱為「百兵之賊」，即使不會槍法，集體挺槍衝刺殺傷力也不容小覷，適合騎兵或者步兵列陣使用。代表人物有趙雲、張繡、羅成、呼家將、折家將、楊家將、岳飛等，所以古代戰場上死於刺傷的人應該不在少數。還有很多短兵器，如峨眉刺、飛鏢之類的，也都是用來刺傷人的。如果人被尖銳物體刺入了，形成貫穿傷（就是黑社會喜歡的「三刀六洞」模式），專有名詞叫貫通性刺創，由刺入口、刺創管和刺出口組成；那種

沒刺穿的，成為盲管性刺創，由刺入口和刺創管組成，沒有刺出口。刺創這類傷痕一般是體外損傷輕、體內損傷重，而且內臟的出血量比皮膚創口的出血量多；刺入口周圍常伴有擦傷、挫傷；有時刺入口形態能反映刺入工具的形態，並留有刺器柄的形態。透過傷口可以看出凶器是單刃、雙刃、多刃或者無刃（針、釘子等）。和砍創類似的是，刺創一般也出現在他殺案件中。

還有一種不太常見的銳器傷——剪創，一般行走江湖都帶刀槍劍戟等十八般兵器，帶剪刀的恐怕也只有四大惡人中的南海鱷神了。剛才我們分析過人的脖子是很結實的，劊子手砍頭的時候一般都不會硬砍，所以像南海鱷神那樣一剪刀把人腦袋咔嚓掉的事情現實中恐怕不容易出現，所以剪刀傷一般不會致命（除非剪壞大動脈或氣管），傷痕形狀通常可以分為兩種，分別是夾剪創和刺剪創，夾剪創：傷口線形、V形、八字形；刺剪創：成對瓜子形、S形。剪創多見於他殺，自殺或防衛傷，防衛傷少見，以往多見於鄉下，目前比較少見。

下面我們再說說鈍器傷。鈍器傷的概念就是由鈍器打擊人體造成的損傷。鈍器的種類很多，小到一枚石子硬幣，大到整個地球，如果你摔倒，地面就是致傷物，而且材質涵蓋金屬、木頭、磚石、冰塊、塑膠、骨頭甚至人體的很多部分。通常鈍器傷伴隨有表皮剝落和皮下出血。鈍器傷可以是開放性的創口，這時候創口形態不規則，創角較鈍，創緣不整，創腔內常有組織連接在一起，創壁不光滑，創腔內有時嵌有異物。有時

鈍器傷又是閉合性的，即沒有破口，這時體表損傷輕，體內損傷重。如果是規則的鈍器，可以從創口上看出作用面、作用邊和作用角等。

鈍器傷的分類更多，包括徒手傷、咬傷、棍棒傷、磚石傷、斧錘傷、高墜傷等。徒手傷含指端所致損傷、拳擊傷、腳踢傷、掌擊傷等，人體很多部位都可以作為武器，因此徒手傷五花八門。咬傷包括人的咬傷和動物咬傷。

身為一個武術愛好者，即便不是葉問，也有很多種方法能對人造成徒手傷。徒手傷多發於傷害案中，但有時也可致人死亡——既然名字叫徒手傷，就先從手造成的傷說起。手的攻擊方式有抓、扼、捏、壓、掌擊、拳擊等，方式十分多變，並能在一次傷害案件中出現多種方式的傷痕。先說抓痕：抓痕是人的指甲掠過皮膚表面並使表皮移位而形成，呈扇形或幾條平行的溝狀痕，或者兩者並存。如果指甲夠鋒利或者抓的力量夠大，也會造成開放性傷痕，如果指甲像是練過九陰白骨爪那樣的，應該就能致命了，不過抓破頭蓋骨這種逆天的事情恐怕在理論上行不通，人的頭骨可是比混凝土還結實呢。手指傷也非常常見，從字面上不太好理解，其實就是手指尖端以一定力量壓迫皮膚表面而形成的，通常有圓形或者橢圓形的皮下出血，傷痕前部伴有「新月狀」的表皮脫落。手指傷通常出現在頸部，尤其是頸部的前兩側，大家可以想想掐人脖子時候的動作大致就明白了，如果還是不明白，可以雙手捧著自己的小腿捏一下，千萬不要拿別人的身體做實驗，否則以後可能就無法再

一起好好玩耍了。

掌擊傷是指以手掌面打擊人體所造成的損傷，多見於傷害案件，介紹概念的書上一般都會很不厚道的加一句「主要見於受害者面部」，可見打耳光是非常常見的故意傷害。損傷較輕的（也可能是臉部皮膚比較厚）人當然很幸運，肉眼檢查時無明顯改變；被狠狠搧耳光的人可以看出較大面積的皮內出血或皮下出血，還能看出對方巴掌的大概形狀。至於手勁太大，一巴掌把人打得腦內出血或脖子脫臼而死的，在此不做討論（徒手傷我們主要介紹它對於皮膚的損害），我們之後可以類比其他傷害更大的鈍器傷。

拳擊我們就不多介紹了，甚至還發展出一項受歡迎的奧運會體育運動（當然為了保護拳手的手還是要戴上手套的，注意是為了保護拳手的手而不是挨打人的臉）。當手握成拳頭對他人造成損傷的時候，通常以除大拇指外四個手指的第一節指骨（最下面的一節）和第一個指關節作為打擊面，作用力很集中，輕的傷者疼一陣，重的話會打死人，因為拳擊傷會按照嚴重程度出現皮下出血、挫裂創、肌肉出血、內臟損傷和骨折。

腳也是人重要的攻擊武器，有些門派講究「手是兩扇門，全靠腳打人」，如中國的彈腿、韓國的跆拳道、巴西的卡波耶拉戰舞、法國的踢腿術等，都非常強調腳的威力。腳可以對人造成足踢傷，多見於人體下部，如雙下肢、會陰部、臀部或腰腹部，如果被害人處於蹲位、坐位或臥位，傷痕則可見於身體

任何部位。另一種被稱為足踩傷的傷痕則可以見於人體的各個部位，因為這時候人通常都是倒在地上的，參見踩踏事件，從傷痕可以看出鞋子的大小、鞋底花紋，從而推測出施暴人的身高體重。腳造成的傷一般比手造成的傷害更大，也更容易致死。

練泰拳的朋友此時大概要心理不平衡了，除了上述攻擊方式，我們還愛用手肘呢！肘部確實是人體的一個非常特殊的器官，折起來就是一個強有力的殺傷性武器，可是伸直了又變成一個特別容易脫臼的脆弱關節，基本用人體的任何部位打擊都能讓手肘脫臼；而且肘部的骨頭尖是非常有利的武器，可是稍微錯開一點就是神經核（俗稱麻筋），又是非常怕打的一個地方。肘擊傷一般在受害者的上半身出現，和拳擊類似，不過形狀不太一樣，在受傷局部會形成類圓形皮下出血，重者可致肋骨、顱骨骨折，腹腔內臟器官破裂或穿孔，非常可怕，武術中有「寧挨十拳，懼中一肘」之說。所以現在幾乎所有大規模的格鬥比賽都不允許使用手肘打擊。肘部擊打的動作其實有很多，如擺肘、挑肘、砸（砍）肘等，根據傷痕的位置和形態可以判斷當時的動作。

練泰拳的朋友又會說，我們除了對肘法的熱愛無人能出其右，我們還特別熱愛膝蓋攻擊呢！的確，泰拳的膝法也是一絕，和肘法統稱為「索、求」。膝彎曲後可承受 500kg 的力量，威力十分兇猛，適合貼身近距離格鬥，著力面主要位於膝上部。由於膝擊速度快、力量大，打擊路線短，真可謂神出鬼

沒，防不勝防。膝部頂撞多傷及下半身，主要在會陰部或腹部，形成類圓形皮下出血甚至傷及內臟，但更常見的是受傷局部並無外傷徵象。泰拳中還有「箍頸膝撞」的常見姿勢，抱著對方的脖子，壓彎他的腰，用膝蓋攻擊其胸、下巴和面部，經過連續猛撞，受害人會出現五官破損、視線模糊，甚至門牙破碎、當場昏死的傷害，嚴重者有可能因為下巴被猛烈撞擊而震傷腦幹，或頭部被撞擊導致腦出血而亡。格鬥遊戲拳皇中的日本籍泰拳冠軍有一招是膝蓋連續撞擊對手軀幹，被稱為「膝擊地獄」，大家可以想像這威力有多大了吧。

最後，我們說說少林功夫當中的鐵頭功。當兩人纏鬥的時候，頭部就會成為最好的武器，距離短，力量強，攻擊速度快，可以有效撞擊他人的頭面部，導致軟組織、五官損傷甚至頭骨損傷。練習鐵頭功的人經過反覆打擊額頭，反覆多次的細微受傷再痊癒導致頭部骨骼越來越厚，厲害的可以用腦袋開椰子、斷鐵條，這腦袋如果撞到人身上，應該會造成類似磚石傷的效果吧。日本有個叫櫻木花道的不良少年打架喜歡用這招。

人體最有力氣的部分不是手臂腿，而是牙齒的咬合部分。人的牙齒可以產生很大的力量，足以咬著繩子吊起人體。根據鍛鍊程度的不同，牙齒的咬合力量也不同，最常見的可以達到40kg，部分神人甚至可以達到幾百公斤。所以咬傷在打鬥中也是很常見的，這種上下顎牙齒咬合所致的損傷，人或動物在攻擊和防禦時均可形成，只不過由於人的嘴部太短，很多時候用嘴咬不太方便，反而容易被人打掉牙齒。由於咬傷的種類太

多，理論上有幾種有顎的動物，就有幾種咬傷。

　　人類當然不會僅僅滿足於靠天賜的這一點可憐的武器來進行戰鬥，於是早期的人類發明了棍子等武器來殺傷他人和動物——有些科學家也見過猩猩用樹枝做成的「矛」捕獵猴子，所以棍棒的使用很可能在更早的時候就有。在古代，棍被稱為百兵之祖，最樸實但是又最千變萬化。棍棒的種類很多，棍棒長短粗細各異、材料多樣、容易獲取，便於攜帶，用起來上手，殺傷力大，是居家旅行打人傷人的必備武器之一。典型的棍棒都有一個狹長的主體和兩端，一般使用時用棒體擊打的比較多，也有用棒端戳或打的。棍棒的外形一般有圓柱形、方柱形和不規則形，材料通常是木質或金屬，不常見的還有塑膠、竹籐，甚至法國麵包（法棍也是能打死人的）等。棍棒傷可能造成如下惡果：條狀表皮剝脫和皮膚出血、中空性皮下出血、條狀挫裂創、弧形挫裂創、骨折和組織挫滅。

　　我們先來解釋一下剛才提到的這幾個名詞：中空性皮下出血又叫做「竹打中空」，是棍棒類工具高速作用於人體所形成的皮下出血特點，一般比較容易在胸、背部及四肢等比較寬闊的地方形成，最好是這裡有一定厚度的肉。你可以看到該皮下出血的傷痕中間有白色的條狀痕跡，而兩邊為暗紫色條狀皮下出血。為什麼會出現這種狀況呢？原來人皮膚下的微血管是最容易損傷的部分。微血管總數超過四百億根，在組織內分支非常多，遍及全身各處，形成密集的血管網，展開後總面積超過 6,070m²。可是其結構很簡單，管壁主要是一層內皮細胞。

最細處僅有一個內皮細胞就可圍成整個管壁。在較粗的微血管處也只是由兩到三個內皮細胞圍成管壁。因此微血管通透性極強，便於物質交換，也非常容易在機械作用時斷裂、破碎（比如刮痧的時候），血液可以在沒有任何阻力的情況下流入組織間隙，同時血管斷裂、細胞破碎、組織挫傷，受壓處血管內的血液也被擠壓到血管斷端。傷痕中間的皮膚受力最大，向下凹陷；而傷痕兩側的皮膚受力方向是垂直於切線的，兩側的受力形成剪切力，橫向挫傷皮膚。綜上所述，就出現了這種現象。

當打人的棒子是圓柱形的時候，由於棍棒外表是弧形，打擊人體時只有部分接觸，各部分的壓強也不同（感興趣的朋友可以拿一個大麵糰用擀麵棍打打看），其損傷的特性為：長條狀皮內、皮下出血，中心部位較重，兩側逐漸減輕，邊界比較模糊，出血帶寬度比棍棒直徑小一點。當然，這一現象主要集中在又快又狠的打在平坦且軟組織較為豐滿的部分（如前胸、後背、屁股這類肉厚的地方）。要是腦袋上挨了一悶棍，會怎麼樣呢？因為有了堅硬的顱骨在底下托著，頭皮又是血管十分豐富且又薄又脆的，所以非常容易出現頭皮挫裂，兩側創緣均會出現「鑲邊」樣挫傷帶；垂直打擊時，創緣兩側的挫傷帶寬度一致；偏擊時，用力方向一側（即棍棒運行方向與頭部夾角小於 90°一側）的挫傷帶窄於對側的挫傷帶，創口的角會形成撕裂。傷口裡經常會發現木屑、樹皮、鐵鏽、油汙等附著物，不用我說你也知道這是識別凶器的重要物證啦！另外，當頭部被棍棒端打了以後，容易形成垂直於長軸的弧形挫裂創。如果

兇手力氣夠大，棍子一敲就會導致你顱骨骨折，輕者為線形骨折，重者形成「舟狀」凹陷性骨折。木質棍棒多形成線形骨折，鐵質棍棒多形成凹陷性骨折，周圍常伴有嵌壓性小骨裂。當用棍棒端用力搗或站在較遠距離用棍頭猛打時，就會出現相同直徑的圓形皮內、皮下出血，重者可致顱骨洞穿性骨折。要是不幸碰到足以殺害劉和珍的狠角色，照著腦袋一陣猛揍，多次打擊就能形成粉碎性骨折，嚴重的會致人當場死亡。當然，棍棒的直徑和傷痕的寬度也是有關聯的，為了測定其中的具體關係，科學家用皮膚最接近人類的小乳豬做了一個實驗，他們在市場中買了五頭八週大的小乳豬，重量 17.5kg 左右，誤差不超過 1.5kg，皮下軟組織厚度 6 ～ 8mm。注入麻醉劑之後，小豬被剃光背部的毛，放在一個特殊的機器上挨打，同時採用測量儀測量打擊的力度。經過一系列縝密的測定和計算，發現直徑越大的木棍，越需要更大的力氣才能出現中空性皮下出血；而打擊力度與皮下出血總寬度及中空寬度呈現出高度的相關性，甚至可以用一元一次函數表示。如當傷痕總寬度為 y，而棍棒直徑是 x 時，$y = 0.038 + 0.769x$，中空部分的相關函數則是：$y = 0.096 + 0.228x$。

　　如果棍子不是圓形，而是方形的（木板之類的也算），垂直打擊人體的時候，會形成均勻的帶狀皮內、皮下出血，界限清楚，寬度與接觸面寬度基本一致；如果你穿越到古代縣衙變成被告時，衙役拿起板子快速打擊你的後背和臀部等軟組織豐厚的部位，會形成帶狀中空性皮內、皮下出血；如果用棒端打

在身上，就會出現「槽狀」中空性皮下出血，中空區寬度可反映接觸面寬度。如果衙役打板子特別有力，就會形成線狀骨折、長方形凹陷骨折甚至粉碎性骨折。如果碰上的衙役比較心狠，用稜邊垂直打擊人體軟組織，會形成條狀擦傷、挫傷，中心部位較重。若軟組織下有骨質襯墊，則易形成條狀挫裂創，創口邊緣平直，創緣周圍出血帶不明顯，創腔內常無組織連接——是不是很眼熟？對了，這時候最容易被誤判成銳器傷。此時應特別仔細檢驗創底骨面上有無銳器損傷痕跡，以及從遮蓋物斷面的形態特徵加以鑑別。所以千萬別看到被美國隊長打傷的人，就說人家的盾牌開刃了，這絕對是造謠！當鐵質方形兇器打擊腦袋力量較大時，會形成顱骨溝狀凹陷骨折。如果是傾斜打擊的，會形成條帶狀皮內、皮下出血，一側邊界清楚，並常伴有擦傷，另一側邊界模糊。再用力一點，就能使著力重一側而形成挫裂創，若不幸發生在頭部，會在顱骨上形成一側骨板下陷明顯的骨折。如果拿著方形棍棒的人非要以棒端戳擊（姿勢好詭異），則會形成與棍棒端形態相似的方形皮內、皮下出血。要是用端部一角打擊，則會形成三角形皮內、皮下出血或挫裂創，要是打在頭上，就會在顱骨上形成三角形凹陷骨折。

如果棍棒形狀非常不規則，形態特殊，如縱軸彎曲、粗細不均、表面粗糙凹凸不平以及有分支或其他附屬物，打擊時棍棒無法與人體表面完全接觸，故會形成大小不等、形態不一、程度不同的擦傷、挫傷及挫裂傷。如棍棒像鹿角一樣有分支或

其他附屬物，常形成一些與這些分支或附屬物相對應的損傷，對這些傷痕的認定也很重要。另外，創腔內可能留下木屑或樹皮、鐵鏽等，透過這些可以判定工具的材質，檢驗時一定要注意發現並提取這些殘留物，哪怕用顯微鏡看也要找出蛛絲馬跡。

除了棍子，板磚和石塊也是街頭戰鬥中非常有效、便捷且容易得到的殺傷性武器。按照教科書上的定義，磚石傷是磚石類物體作用於人體所引起的損傷，分為磚頭傷和石頭傷兩種。磚石傷的特點是受害者會出現片狀表皮剝脫伴皮下出血；條形、角形及不規則形皮下出血；角形、條形及不規則形挫裂創；最嚴重的會出現線性、粉碎性骨折。

和其他傷痕不同，磚石傷分為主動和被動兩種，主動傷是被運動的磚石砸傷，而被動傷則是磚石沒動，你撞在磚頭（石）上了。很多撞牆、跳樓自殺或者不小心摔倒的，都屬於這種類型。

我們先說說磚頭這一物體的來歷，最典型的磚頭是使用黏土燒製而成的，在秦漢時期就有了相當的藝術性和實用性。但是磚在古代並不像現在那麼常見，因為直到元朝時期，中國的城牆還是以夯土牆為主（至今北京還有西土城、北土城的地名，就是元朝的城牆，還有一個根本看不到遺址的遺址公園），就像《齊天大聖西遊記》片尾紫霞和夕陽武士對峙的那面城牆一樣。到了明清時期，中國才大力發展磚砌城牆。古時

候對磚的需求量沒那麼大，製磚廠的規模和產量也不會太大，所以我們很難看到古代小說中有磚頭傷人的情節。隨著社會的發展，生產力的提高，現在的磚也出現很多種不同形態：如耐火磚、瓷磚、空心磚等，甚至還有灰渣磚、水泥磚、粉煤灰磚等非燒結磚，但是街頭打架最受歡迎的還是那種幾公斤重的黏土磚頭。由於磚頭是比較酥脆的東西，所以打人後經常會留下磚屑、灰沙等，成為破案的關鍵證據。

之前提過的規則形鈍器傷，方磚是個極其標準的例子，從傷口可以看出磚頭與人體作用的角度，甚至分析出兇手扔磚頭的姿勢。如果兇手喜歡平拍傷人，就會造成磚塊平面垂直打擊，一般都會打在人體的頭面部。由於磚表面比較粗糙，所以在挫傷區常伴有點狀擦痕；如果受害者橫倒在地上或坐著的時候被磚拍到大腿，那麼在這些軟組織豐滿部位，也會形成長方形中空性挫傷；如果是傾斜打擊，那麼會呈現線條狀平行排列的梳齒狀擦痕。如果磚頭的平面打擊到頭部弧度較大的部位，會形成類圓形或不規則形頭皮出血，同時常常伴有表皮剝脫；若兇手打擊力道比較大，會形成星芒狀挫裂創，留下特殊的傷疤，創口周圍伴有表皮剝脫和磚屑遺留；如果繼續高速打擊頭部，而你又沒練過鐵頭功，則會形成線狀骨折或骨縫分離；打擊在胸部可致肋骨骨折；打擊在腹部易致肝、脾等器官破裂出血。

如果兇手用磚頭稜邊或稜角砸，那打到頭部後，就會在頭皮形成條形傷痕、三角形皮內、皮下出血和表皮剝脫。如打擊

力大，頭皮會形成條形、三角形挫裂創，有時可見組織挫碎，創口周圍會遺留磚屑、灰沙等物，對應的骨質會形成線形骨折或成角狀的凹陷骨折，所以不要打架！

如果是斷磚傷痕，那麼磚頭的斷端因其凹凸不平、不規則，作用於身體時受力不均，打擊頭部時會形成輕重不一、形態不規則的損傷，多發性、大小形狀不一的擦傷、皮下出血、挫裂創在同一損傷區內可同時存在。看起來是不是有點像不規則形狀的棍子傷人的痕跡？

說完了磚頭傷，我們再來談談石頭傷。早在猿人時期，部分猿人就會用石塊砸果殼或者毆打其他同伴，就算是綠巨人那樣智商感人的超能力者，也會拍碎地面拿石頭傷人（好吧，應該是砸人），因此石頭傷也算是相當常見的傷勢了，不過都市裡大部分都是摔倒在石板路上造成的傷，在野外地區才經常出現用石頭打人的事件，不用多想，拿石頭一般打的還是腦袋，可憐的頭部！根據石頭材料的不同，常見的是磚石傷和鵝卵石傷。

山石表面凹凸不平，並有不規則的稜邊和稜角，其大小和重量不等，形態非常不拘一格，因此形成的損傷簡直可以說是千奇百怪。不規則的山石一次打擊，常會形成大小不等、深淺不一、形態各異的損傷，和上述斷磚打擊形成的損傷有些類似，但因為傷口實在是太複雜了，有時容易被誤認為多次打擊所致，深受碰瓷高手的青睞。山石打擊頭部所致的挫裂創，可

表現為多種形狀，但大多數為不規則形，有多個創角，創腔內可見石屑並且在創口周圍伴有多種形態、輕重不一的表皮剝脫和出血。

如果呈現出傷口周圍著力較輕，中央著力較重的趨勢，法醫為它取了個很高科技的名字：衛星狀挫裂創。如果是用山石稜角猛擊頭部，不管是主動還是被動，都會形成凹陷骨折；若稜角較尖，亦可形成孔狀骨折，孔的半徑較小，周圍有伴行的環狀骨裂。此種骨折的損傷範圍一般較小，其著力處常有稜角戳擊時形成的接觸痕跡，看上去就好像被長矛捅了一樣。

山石因表面不規則有多種接觸面，反覆打擊後的創口特徵和層次分辨不清，不易識別打擊次數、打擊先後次序和接觸面的性狀。山石的邊緣常呈不規則條形，打擊在頭頂形成不規則條形的挫裂創，如果遇到攻擊性特別強或者防衛過當的人，打擊力度大時則可能形成不規則線形骨折或凹陷骨折，甚至腦損傷造成死亡。因山石易碎，故創傷內部有時可見碎石屑，凶器上常可發現血跡和毛髮。

如果案件發生在河邊，兇手作案時可以使用很多不規則圓形或橢圓形、表面較光滑、質地較堅硬緻密的鵝卵石，因此受害者頭皮上會形成表皮剝脫和皮下出血，其形狀多為類圓形或橢圓形，中心部位出血較嚴重，色澤較深，周邊逐漸淺淡，邊界不清——這點和被棍子戳可不一樣。如果打破了皮，所致挫裂創多呈星芒狀或不規則弧形，創口邊緣一般不整齊，伴有組

織挫碎、挫滅，創口周圍常伴有範圍較大的表皮剝脫、皮下出血，殺傷力同樣不可小覷。

鵝卵石打擊也能造成骨折，與打擊力的大小和接觸面有關。在一般外力打擊下，會在骨外板形成類圓形的壓痕。如打擊接觸面大（類似磚頭橫著拍），會形成帶弧形的線狀骨折、顱頂、顱底聯合骨折或大範圍的粉碎性骨折。若打擊力大而接觸面小（類似棍頭戳），則會形成類圓形塌陷骨折或粉碎性骨折。此種骨折周邊不規則，有的帶弧形，常伴有放射狀骨折線從著力中心向四周延伸，骨折區內碎骨塊大，數量少，骨折區相應的內部（如大腦、肝、脾）損傷也較常見。

錘子可以說是棍棒和堅硬非長條物體的組合工具，古今中外深受各種大力士的青睞，素來有「錘棍之將不可力敵」的說法。古代有李元霸、岳雲等，今有雷神索爾，還有震驚全亞洲的大學生殺人犯「馬加爵」。錘子這種東西在生活中一般不會被當成凶器禁止使用，錘子的形狀也可謂五花八門，有奶頭錘、羊角錘、圓頭錘、八角錘、扁尾錘……還有比較復古的窩瓜錘、狼牙錘、播鼓甕金錘、龍頭錘等，種種形狀不一而足。另外，斧頭的背面也能當做錘子使用（雙刃的叫鉞），所以這類工具砸人造成的傷，被專家稱為斧錘傷。當然，要細分的話，還能分成錘擊傷和斧背傷。

由於斧頭錘子大部分都是金屬的，斧錘傷的基本形態要比之前說的棍傷嚴重一點：表皮剝脫和皮下出血；條形、角形及

不規則形皮下出血，挫裂創；骨質損傷。

　　先說錘擊傷，傷痕一般是在頭部，傷者常死於重度的腦損傷或者顱內出血，因為一般拿錘子的兇手都是意圖殺人的，所以能在錘下生還的幸運兒不多。錘面一般都是圓形的，如果受害人比較幸運，錘子恰好打在身體比較平坦的部位，受傷的部位會形成與錘面形態和大小相近的皮內、皮下出血；若錘子擊打部位是豐滿的軟組織，會形成中空性皮內、皮下出血。如果打在頭部，會形成弧形的挫裂創，通常一次會形成兩個半圓形的傷痕，兩個創口之間有挫傷。如果力氣夠大，會形成圓形或類圓形凹陷骨折，甚至孔狀骨折，這時候數學可以派上用場，根據損傷大小推算出錘面的直徑。如果是多次重擊，就會造成粉碎性骨折了，此種骨折的骨碎片較小，骨折區周邊多呈波浪狀，其弧形大小近似。如果錘面垂直打擊在頭部弧度較大的部位，亦會形成圓形或半月形皮內、皮下出血，但出血範圍往往小於錘面直徑，其出血邊界不清。此種打擊所致的挫裂創除呈弧形外，還會呈星芒狀或不規則狀，挫裂創的中央可見組織挫碎，其周圍可見表皮剝脫、皮下出血。另外還有錘子面跑偏的情況，圓形錘面擊打人體形成半月形皮內、皮下出血，形成弧形挫裂創。這些挫裂創弧內伴有挫傷區，近弧邊損傷較重，會有組織挫碎，是不是可以聯想到「竹打中空」了？此種打擊力量大時，可致顱骨形成半月形階梯狀凹陷骨折，骨折的弧邊內陷較深，骨面呈斜坡狀，搶救起來很麻煩啊！方形的錘子相對來說比較少見，打在腦袋上形成的損傷形態與斧背打擊相似，

但是法醫怎麼區分錘子和斧頭呢？斧背傷在同一屍體上還可能伴有斧刃砍傷，而錘面傷可能同時伴有錘背或錘體側面所形成的損傷。

錘子除了有一個方便砸核桃的平面，很多錘子的錘頭並不是對稱的，錘子的背面可呈現各種形狀，所致損傷與其自身的形狀是相對應的。比如用奶頭錘背面擊打人體軟組織，會形成小於奶頭直徑的圓形或類圓形皮內、皮下出血，若有被打的部位的骨質襯墊，亦會形成類圓形或星芒狀挫裂創。挫裂創中心伴有組織挫碎，嚴重時會露出骨質，對應的骨質部位出現圓形凹陷骨折。所以不要以為它有了這樣的名字就會溫柔一點，人家依然是可怕的金屬製品。如果是用羊角狀錘背打擊頭部，會形成對稱性的與羊角末端形態近似的挫裂創，擊打力量大時，亦會形成對稱性的、形態近似的凹陷骨折或孔狀骨折。如果羊角上還有刃的話，特徵請參考銳器傷，但是要注意從傷口形態分析用力的角度。如果是用鴨嘴狀錘背擊打頭部，則會形成扁長方形皮內、皮下出血、挫裂創、凹陷骨折或孔狀骨折。錘子不光能用兩面砸人，偶爾還會出現哪個愛好特殊的人用錘體拍人。雖然在法醫學實踐中，錘體所致損傷非常少見。一般錘體多為圓柱形，即使有稜邊也多鈍而不顯，以此打擊頭部會形成與圓柱形鈍器打擊形成的挫裂創特徵相類似的損傷，因此想要栽贓給棍子的兇手或許會採取這種方法。當打擊嚴重時，會出現顱骨線形骨折，甚至凹陷骨折。

說完了錘子，就要說說斧頭了。因為現在砍柴的人越來越

第三篇、惡之殺器迫近─損傷剖析
「一百萬種」方法讓你受傷─機械性傷害

少，斧頭已經不常出現在老百姓的家中了，反而走上了很多專業的職位，如木工斧、肉斧、柴斧、消防斧、礦工斧等。由於斧頭前端有斧頭刃，所以在同樣長短的情況下，斧頭通常比錘子要重一點。由於斧頭背的重量大，打擊的力量也會比較大，如果打擊在頭面部，常會形成能反映斧背形狀、大小的挫傷或挫裂創，由於大多數斧頭背是方形的，因此傷口有時會呈現出完整的條邊，有的僅呈現部分的直邊和直角，其出血挫傷區的邊緣為斧背稜邊所致的挫裂創。這種挫裂創的外創緣一般較平直，內創緣不整齊，伴有組織挫碎。如果頭部僥倖躲過一劫，斧背快速垂直打擊在較豐滿的軟組織時，亦會形成類似棍棒傷的「中空性皮內、皮下出血」。當斧背擊打頭部弧度較大的部位或以其角面接觸時，亦會形成類圓形或三角形的皮內、皮下出血以及星芒狀或凹三角形的挫裂創。對此類變異傷痕，最重要的是觀察該傷或他傷周圍有無典型的邊界清晰的直角形皮下出血，如果有明顯的直角，是斧頭背打擊的可能性就大多了。斧背打擊頭部的傷害性非常高，常伴有顱骨的線形骨折或凹陷骨折、粉碎性骨折，亦可見骨縫裂開。具體骨折的形狀取決於斧背與頭皮的接觸面，當斧背垂直打擊頭部，因作用面積小，打擊力集中，易形成類方形的凹陷骨折或粉碎骨折，甚至形成孔狀骨折，骨折區往往大於斧背面積，在骨折邊緣上有時反映出斧背稜邊、稜角的形態特徵，我們甚至可以根據這些痕跡來測算出斧頭的大小。若斧背以角面斜擊頭部，輕者在顱骨外板上形成三角形骨質壓跡（這些和磚頭傷人有點類似），重者則形成三角形斜坡樣凹陷骨折。斧背打擊之所以不容易活命，和

錘子類似，也是因為容易在顱骨骨折的下方形成衝擊性腦挫裂傷、骨折性腦挫裂傷和顱內血腫。當然斧頭背還有圓形或者其他不規則的形狀，和錘子的致傷效果類似。

還有一種特殊的鈍器傷，即使你知道了受傷的前因後果，也無法將致傷物拿到法庭上作為證據，這就是高墜傷，俗稱摔傷，這時候大地就是致傷物！

高墜傷是指人從高處做出自由落體運動，與地面或其他物體撞擊產生的傷。不管是自殺、他人襲擊還是不慎跌落，都有可能形成這種傷痕，一般是綜合性鈍器傷（多種損傷並存）。輕者僅有軟組織挫傷，重者則出現骨折、內臟破裂、支離破碎，《神鵰俠侶》中的裘千尺和公孫止就是這樣的結局）。高墜傷的特點有：多種損傷並存，廣泛且嚴重（如骨折、內臟破裂但出血少等）；外輕內重；一次形成（如空中沒有其他物體攔截）；損傷分布有規律（根據墜地姿勢存在於身體一側或頭部、腰骶部等地，符合力學原理）；最後，多數立即死亡。另外，高墜傷由於衝擊力太大，還經常出現衣服破裂，鈕釦崩落、皮帶斷裂等狀況，讓家屬常常誤以為是性侵案件。所以在做判斷的時候可以根據屍體身上是否有約束性傷痕，來斷定是否被性侵或者是否被人脅迫推下樓去。

影響高墜傷的因素主要有五點：人自身的體重、墜落高度、地面情況、接觸方式和部位、中間物（撞上欄杆、樹枝等物）。

　　高空墜落的原因也有如下幾種：意識清楚或模糊（但還有意識）時，可能是自殺、意外跌落、被他人扔下、被逼迫自己跳樓和被他人偷襲掉下樓、昏迷時被他人丟下樓或者不慎跌落。想要知道死者墜樓的具體原因，就要詳細檢測屍體上是否有其他生前損傷和中毒的反應了。如日本電影《追捕》當中有一種吃了會讓人意識模糊的藥，人服下之後就會受人指揮跳樓，所以才有「朝倉不是跳下去了？堂塔也跳下去了」的經典劇情存在，當然，死者體內是能檢測到相關的化學物品殘留的。

　　另外，還有一種沒有固定凶器的鈍器傷，叫做擠壓傷。擠壓傷的定義為身體四肢或其他部位受到壓迫，造成相應身體部位的肌肉腫脹和（或）神經學疾病。典型身體的受擠壓部位包括下肢、上肢和軀幹等（如果是脖子被擠壓那就是窒息了）。常見於手、腳被鈍性物體（如磚頭、石塊、門窗、機器或車輛等）暴力擠壓所致擠壓傷，也可能是人體或動物由於過度擁擠造成的傷；也可見於爆炸衝擊所致的擠壓傷，這些擠壓傷常常傷及內臟，造成胃出血、肺及肝脾破裂等。最可怕的擠壓傷是地震、山崩、土石流、塌方後造成的土方、石塊的壓埋傷，這種傷常引起身體一系列的病理改變，甚至引起腎功能衰竭，稱為「擠壓症候群（crush syndrome）」。所以別以為被石塊埋住的傷員只要頭露在外面就沒事了。

　　擠壓傷的受傷部位表面無明顯傷口，但是有瘀血、水腫、發紺（cyanosis）等。如果是四肢受傷，受傷部位腫脹會逐漸加

重；如果是手和足趾的擠傷（這一般不會致命），指（趾）甲下血腫呈黑色，可立即用冷水冷敷，減少出血和減輕疼痛，嚴重的會出現開放性傷口，甚至指骨和趾骨骨折。出現「擠壓症候群」的個體會有尿少，心慌、噁心，甚至神志不清等狀況，擠壓傷傷及內臟會引起胃出血、肝脾破裂出血，出現嘔血、咳血，甚至休克。所以，大家今後可不要開玩笑用力擁抱小朋友或者把人放在門後用力擠了，後果可能會很嚴重。

打官司必輸的金剛狼先生
──火器類傷害

　　身為一個漫威死忠粉，我一點都不羨慕金剛狼的自癒能力，因為雖然會快速恢復，傷口還是會痛一陣的，而且他和人鬥毆的時候，即使被人亂槍打成篩子，警察和法醫趕到的時候傷口大概也都癒合了，這還叫法醫怎麼做鑑定啊！只能檢查被他打傷的人，最後把金剛狼抓起來判個故意殺人或故意傷害罪。

　　但是，現實生活中的火器傷害放在普通人身上，其殺傷力可不是銳器、鈍器這些樸素的工具可以比擬的。火器傷是各種槍彈和爆炸物對人體造成的損傷統稱，通常分為槍彈傷和

爆炸傷。

　　槍彈傷是由槍彈擊中人體造成的損傷。自從火藥成為武器，世界戰爭的格局就出現了很大的變化。火藥武器出現於唐末，興於宋元。明朝初年，明成祖朱棣組建了世界上第一支火槍部隊——神機營，該部隊比歐洲最早的西班牙火槍隊要早成立一個世紀。不過那時候的火槍射程短、上膛慢，並不比弓弩強多少，光是打一發要裝一次子彈這一點，就能被弓手虐死。所以神機營只能配合騎兵、步兵游擊或者擔任遠程射手，無法單獨作戰。在美國獨立戰爭時，我們就會看到這樣非常紳士的場景：一排衣著整齊的火槍手半跪發射，然後站起來後撤裝子彈，身後的一排火槍手再上前發射，一共至少三排火槍手輪流上陣。不過這些都已經是過往雲煙，如今的槍械有多發達就不用我說了，老人小孩都能學會使用的 AK47 就是最好的例證。臺灣對槍支管理非常嚴格，所以這類案件不多，西方國家槍擊案件比較多，而且出現過不少惡性案件。如今槍支的種類很多，即使你沒玩過真人 CS 也會了解一些——根據槍筒的長短不同，分為短槍和長槍。短槍有各種手槍，長槍有步槍、輕重機槍、半自動步槍、自動步槍、衝鋒槍、獵槍等，它們共同的特點是——都能打死人！法醫檢驗中，多見手槍「槍彈創」，拿著長槍大概很難上街打人，因為剛走到馬路邊就會被街坊鄰居和社區警察攔住了。

　　關於槍械的故事，多少本書恐怕都說不完，我們在這裡只是介紹槍傷的相關知識。現代槍彈一般由彈頭、彈殼、火藥、

引信四部分構成，可以對人體造成穿透、刺破或炸裂傷害；動能極大的彈頭，由於其旋轉速度很快，常常會造成圓形彈孔。槍支發射的子彈彈頭，基本是沒有尖端的圓錐體，有鈍器的特點；但槍彈的推進力極大，穿透性能非常強，所以又具有銳器的特點，這也是單獨把它列出來的原因之一。另外獵槍用的是霰彈，彈頭多由鉛、銻合金製成（民間土製獵槍，發射的鐵沙子、小鐵丸、短鐵截、石子等也是霰彈）。槍械子彈速度從 200 ～ 1500m/s 不等，消音手槍專用的亞音速子彈速度最慢，大部分手槍的子彈速度在音速上下，平均 370 ～ 460m/s，步槍彈在 800 ～ 1200m/s 之間，速度最大的是大口徑機槍彈和某些專用狙擊槍彈。黑火藥發射的子彈速度也很快，但是由於彈丸顆粒大，子彈非流線型旋轉前進等原因，距離反而很短。一般的槍彈傷是指子彈打擊人體造成的傷害，通常分為五種：貫通性槍彈創、盲管性槍彈創、迴旋性槍彈創、反跳性槍彈創、擦過性槍彈創。下面我們來逐一解釋一下。

由於現代子彈的威力都比較大，所以貫通性槍彈創是最常見的，是指子彈打穿了人體，創傷部由射入口、射創管和射出口組成。射入口是子彈射入人體造成的傷口，如果垂直射入，傷口通常是圓形，傷口直徑小於彈頭直徑，創口邊緣的皮膚內捲，中心部為圓形漏斗狀皮膚和缺損的皮下組織。如果彈頭傾斜射入人體，射入口呈橢圓形。由於子彈的威力太大，射入口無法合攏，創緣周圍因彈頭油垢或黏附的槍油、鐵鏽、火藥、煙灰等形成環狀擦拭圈。當彈頭進入皮膚時，由於牽拉作用，

子彈旋轉如蔡依林的舞孃，摩擦如約瑟翰的滑板鞋，會在射入口周圍會形成 1 ～ 2mm 寬的衝撞輪，又叫挫傷輪，周圍皮膚始為鮮紅色，後因水分揮發而皮革樣化，變成棕黃色。衝撞輪部位組織出現環形表皮剝脫，你可以想像一下月球表面的環形山。射入口周圍還有寬約 1mm 的汙垢輪（又叫擦拭輪），主要由油汙、鐵鏽和金屬碎屑構成，一般是灰褐色，在 X 光下如夜空中最亮的星星那般明亮。如果挨子彈的人穿的衣服比較厚，那麼皮膚上的汙垢輪會不太明顯，但是一定會有衝撞輪。當近距離射擊時，創口周圍有未充分燃燒的火藥顆粒和灰色或灰黑色煙暈，皮膚也會有燒灼傷，毛髮也會跟著燒焦。有時因火藥燃燒不完全產生的一氧化碳，與射入口血液內的血紅素和肌肉中的肌紅蛋白結合成碳氧血紅素，而使射入口周圍出現環狀的鮮紅色澤。

射擊距離越近，煙暈分布面積越小，火藥煙灰顏色越濃。遠距離射擊，則創口周圍沒有煙暈和火藥顆粒沉澱痕跡。手槍一般距人體 50cm 內射擊，步槍距人體 100cm 內射擊，會在衣服或皮膚上留下較明顯的煙暈和火藥顆粒沉澱痕跡。所以，金剛狼大叔是不是有點小激動？只要皮膚和衣服上有留下明顯的火藥痕跡，還是能在打官司的時候造成一定的證明作用，前提是你千萬別抖衣服或者搓皮膚啊！當極近距射擊時（槍口幾乎貼著皮膚），槍口噴射的爆炸氣浪和高壓氣體竄入皮下，嚴重的會造成皮膚組織撕裂，形成十字形、星芒狀或裂隙狀創口，周圍會留下火焰的燒灼痕跡（電影裡的槍口噴火可不是鬧著玩

的，是真的會噴火）。當槍口緊貼衣物或皮膚接觸射擊時，高壓氣體會使周圍皮膚隆起，形成圓形的槍口印痕，印痕與槍口大小、形態一致，射入口一般略小於彈頭的橫斷面。

射創管是指彈頭穿入皮膚後繼續推進，從而形成管狀射創道。一般射創管道都是直線形的，並與射擊方向一致。只有當彈頭活動力減弱，同時又遇到骨組織阻礙時，彈頭才會改變方向，從而形成迴旋形槍彈創，這種迴旋形槍彈創會傷害多個組織，彈頭距離入射口較遠且不在同一條直線上，看來有時候離得太遠挨子彈或者躲在別人後面也不見得是好事。過去日本士兵和中國士兵拼刺刀時，都把子彈全部卸掉，有一個很重要的原因是為了防止打穿中國人之後傷到自己的同伴。如果射創道是直線形的，沿射創道引出一條直線，可以據此確定被害者與槍口的相對方向，進而推斷兇手射擊時持槍的高低位置和兇手身高情況。

子彈頭進入人體後，又頂破皮膚穿出體外形成的創口是射出口。射出口是彈頭從人體內向體外硬頂出去形成的，所以形狀不規則，通常為裂隙狀、星芒狀和丁字形挫裂創，出血比射入口重。一般射出口都大於射入口，有些重機槍就號稱「拳頭大的入口，西瓜大的出口」。如果彈頭變形或有頂出的骨折碎片時，射出口會出現擴大或撕裂。射出口組織外翻，中心缺損，但皮膚能合攏。如果貫穿骨骼，那射入口是較小的圓孔，射出口是喇叭狀的大洞。傷口周圍無擦拭圈、衝撞輪、煙暈和火藥顆粒。如果彈頭穿過人體組織後，活力仍然很大時，也會

形成類圓形、橢圓形射出口和組織缺損，這麼看來，子彈速度特別快的時候，反而是件好事。

如果子彈進入人體後留在體內，只有進去的洞，沒有出來的洞，這就形成了盲管性槍彈創，這種傷還要動手術把子彈取出來，比貫穿傷更麻煩。有時候子彈也不是直接打到人，而是打中其他硬物（如鋼梁）再反彈傷到人，這稱為反跳性槍彈創。這種子彈的彈頭通常已經變形，對人造成的多是撞擊傷，射入口特徵也不太明顯。

有同學或許會問了，子彈不是都是撞擊傷嗎？其實不然，子彈的高速衝撞只是其中一部分作用，雖然很可怕（打到 90m/s 就能造成骨折），但這還不是最恐怖的。彈頭穿過人體水分較多的部位時，由於高速飛行會自帶壓力加成，瞬間壓迫周圍組織造成比子彈直徑大幾倍甚至幾十倍的空腔，物理學上稱之為「瞬時空腔效應（cavity effect）」，經過短暫時間後空腔消失，只留下大片受傷的組織。如果打中胃、膀胱、心臟等位置，還會由於「流體靜壓作用」，導致這些器官破裂。所以啊，肉厚也不能抗子彈！

最後，還有一種非常幸運的擦過性槍彈創，只會在皮膚表面留下溝狀或者條狀的傷痕，也就是虛驚一場啦！如果在槍林彈雨中只是遭受擦過性槍彈創，運氣好到相當於買一張樂透就中了一億元，瞬間達成了人「生」的小目標。

子彈的速度和火藥有直接關係。發射彈頭的火藥有黑火

藥、無煙或少煙火藥。黑火藥是中學化學課經常提到的一種物質，即用硝石、木炭、硫黃細末製成的火藥，呈黑色顆粒狀，在很多煙火鞭炮中也可以看到，老百姓在自己家裡也能做。發射時黑火藥燃燒不完全，火焰大，煙灰多，並殘留未燃燒完的火藥顆粒，自製獵槍、鳥槍等多用這種黑火藥發射霰彈，不過這種火苗在短距離內還是很厲害的，即使槍膛裡是一根蠟燭，也能打斷幾公尺外的門板。不過，遠程攻擊才是現代戰爭的王道，這種烏煙瘴氣的東西顯然不符合我們現在的高科技社會，因此用於發射現代槍支彈頭的火藥，是由火棉、硝酸甘油酯（硝化甘油）配合其他成分製成的。這種火藥燃燒充分，推進力強大，煙灰少，火焰小，聲音小。現代槍支多用這種無煙、少煙火藥提供發射動力，而且火藥就放在子彈殼裡頭，用擊針一擊就能引爆，方便又環保。

　　子彈的速度也和槍膛構造有關，早期的槍膛是非常光滑的鐵管，被稱為滑膛槍，一般打出來的都是圓形的鐵球（就是經常在海盜題材電影中看見的那種），攻擊距離非常有限，如果用它發射圓錐形子彈的話，子彈甚至會在空中翻跟斗。於是線膛槍就逐漸走上了歷史舞台。最早的槍膛內帶有膛線的火槍誕生於 15 世紀初的德國，但當時還只是直線形的溝槽，這是為了更方便從槍口裝填彈丸。義大利最早在西元 1476 年就已有螺旋形線膛的槍支（膛線的樣子請看 007 系列電影片頭的槍口），螺旋形膛線可使彈丸在空氣中穩定的旋轉飛行，提高射擊準確性和射程。由於「膛線」英文為 rifle，所以音譯也稱為

「來福槍」。17 世紀初，丹麥軍隊最先裝備來福槍。但由於來福線製作成本高，同時從槍口裝填彈藥不便，所以許多國家的軍隊不願裝備使用有螺旋形膛線的槍。後來南亞的蒙兀兒帝國（由蒙古人統治）開始大批量生產來福槍，並在印度人的起義戰爭中大放異彩。

從傷口的痕跡可以看出發射子彈的槍用的是哪種火藥，是滑膛槍還是線膛槍。當然，要確定何類槍支和具體哪一支槍射擊，最重要的任務是在現場和屍體上仔細尋找槍擊後留下的彈殼和彈頭，請相關彈道技術專家進行鑑定。進行槍彈創相關的法醫學鑑定，主要是為了解決以下幾個問題：發射角度和方向、發射距離、損傷程度、死因、槍支認定和案件性質分析。前兩點我們已經講過了，後三點還需要解釋一下。法醫在面對被「認為」是槍殺的屍體時，需要透過解剖查明損傷部位、性質、程度，來確定具體的死因（真死於槍殺還是有其他原因）。槍支認定主要依靠子彈殼底端的擊針痕跡和彈頭上膛線的劃痕——這就像槍的指紋一樣，每一把槍由於磨損程度不同，在子彈上留下的痕跡也有區別。最後，最重要的就是判斷這是自殺案還是他殺案。

目前，大部分槍擊案件都被法醫認定為是他殺，這種案件中受害人被射擊的部位沒有一定特殊性，以胸腹和頭部較多見，約 70% 的他殺只有一處槍傷，亂槍打死必定是少數，子彈也是要錢的啊。如果是自死者背側的射擊、較遠距離的射擊和多發性射擊，一般就是他殺了，能開槍打自己後背或者從

遠距離打自己的人似乎擁有異於常人的柔軟度。自殺的中彈部位基本都在頭上，最多的是太陽穴（最順手的地方），其次是前額，有些不願意自己毀容的人會打自己的左胸，其他自殺的射入口也可能見於枕部、下顎、口腔、外耳道和鼻孔，其他部位就比較少見了。自殺大部分都是貼著皮膚進行接觸射擊或近距離射擊，自殺所用槍支以手槍最為多見，通常都掉在屍體附近，甚至由於屍體痙攣，死後槍仍緊握在手中。此時持槍手上常有火藥煙暈、火藥顆粒和噴濺狀血點，必要時可用化學方法顯示。若是兇手殺人後將凶器手槍放在被害人手中偽裝自殺的話，就算是經驗不豐富的法醫，也會發現手槍握得不緊，而且持槍的手上也不會有上述火藥作用的痕跡（早在宋朝，法醫宋慈就發現過一例類似的偽裝自殺案，不過凶器是匕首）。自殺時普遍只有一處槍傷，但也有在一次射擊未死時，再次射擊而死的情況，比如沒打中大腦而把腮幫子打裂了，甚至兩次射擊分別在不同的部位，如大腦和心臟。一般來說，射擊方式越奇特和複雜，就越可能為自殺，這與用其他方式自殺是一樣的──例如用長槍在自己口腔自殺的人，就只能用大腳趾扣扳機。另外還有一種意外槍彈創，單純從損傷性狀上來看，往往很難與他殺槍彈創作區分，但如果結合現場和案情，一般容易將兩者區分。另外，子彈沒有彈頭的時候也是很危險的，射擊時如果槍口緊密接觸致命部位（如左胸心前區），也可能單純因火藥燃燒後衝撞震盪作用而致人於死（這就類似於爆炸傷了），目前已有這類案例報告。

　　除了典型的子彈傷害之外，還有一種散彈槍也能傷人。獵槍或土質火藥槍都屬於這一類，能對人造成散彈創。獵槍的子彈主要由鉛銻合金構成，火藥槍的子彈不拘一格，可以是鉛彈、鐵砂，也可以是碎鐵渣、碎玻璃、鐵釘甚至碎瓦礫等。由於獵槍和火藥槍通常用黑火藥引爆，煙灰多、相對威力小，彈丸呈圓錐形散開（想像一下打鳥用的那種喇叭口火銃），所以散彈創通常會附著很多火藥微粒，形成多個彈丸創，一般都是盲管性的。其他還有很多非典型的槍彈傷，由於槍彈種類實在是太多，所以就不逐一描述了。

　　槍械雖然恐怖，但是人類並不滿足，還發明了更恐怖的武器——各種炸彈！比如手榴彈、地雷、水雷、魚雷等。

　　爆炸傷就是由爆炸物爆炸形成的多種復合損傷，研究爆炸傷的形態有助於推斷爆炸物與分析爆炸性質。我們先科普一下爆炸的概念：廣義上的爆炸分化學性爆炸和物理性爆炸兩類，雖然都是在密封空間引起的劇烈震動，前者主要是由炸藥類化學物引起，後者則是由鍋爐、氧氣瓶、煤氣罐、高壓鍋等超高壓氣體引起。局部空氣中有較高濃度的粉塵，在一定條件下也能引起爆炸，所以麵粉廠、製糖廠等地方都嚴禁明火。有些調皮的人一邊抽菸一邊用麵粉打仗，這也會引起爆炸。在法醫實踐中，我們最常見的是炸藥類引起的爆炸。炸藥裝填在硬質的容器內製成的爆炸物，如各類炸彈、砲彈、手榴彈、地雷等，其破壞殺傷力較單純的炸藥還要大，我們在很多電影中都能看到，茶壺、鐵桶、易開罐、玻璃瓶等，都可以做成簡易炸

彈。不管是什麼炸藥，都要經過引爆才能爆炸，引爆的方式多種多樣，常見的如雷管、導火線，甚至直接用明火或電流裝置引爆。還有一些特殊炸藥有特殊的引爆方法，比如硝化甘油，經過震動就會爆炸。各位可千萬別在家裡玩硝化甘油，研究這東西兩輩子的炸藥大王諾貝爾（他爸爸也研究這個），就是用它一不小心把自己弟弟給炸死了。由於硝化甘油這種特殊的引爆機制，諾貝爾還把它用於槍彈的無煙火藥當中，記不住這個名詞的讀者請往前翻書看槍彈傷的部分。由於硝化甘油性質非常活潑，所以在接觸強氧化劑、活潑金屬粉末和強酸等，或者受熱時，也會發生爆炸，所以不建議在家裡保存這種東西——現在工業上一般把它用於開山築路，可以想像它的威力有多大了吧。

　　炸藥爆炸後可產生 2000℃～ 4000℃的高溫和每平方公分數萬公斤的高壓。爆炸物爆炸產生的氣體以 3000 ～ 8500m/s 的高速將爆炸物碎片向四周擴散，這個速度比子彈快多了。同時，爆炸瞬間產生的巨大能量借周圍空氣迅速向周圍傳播，形成高壓衝擊波。以上所有特徵導致爆炸產生的破壞作用，不僅會使爆炸作用範圍內的人發生嚴重損傷，而且還會使地面和建築物等遭受強烈破壞。離爆炸中心愈近者，爆炸傷也愈重。爆炸物一旦引爆，會釋放出很大的能量，以高溫高壓的形式向四周傳播。爆炸傷的特點是程度重、範圍廣且有方向性（爆炸能量由引爆中心向四周輻射），兼有高溫、鈍器或銳器損傷的特點。距離爆炸中心比較近的人，還會出現炸碎傷（組織缺損）

和炸裂傷（無組織缺損），彈片傷和爆炸物傷也是常見的。爆炸所引起的高溫和火焰會對人體造成灼傷和燒傷，通常出現在面對爆炸中心的體側，根據燒灼傷的程度可以估算爆炸時死者的位置，位於爆炸中心和其附近的人常常會被炸成好幾部分拋到遠處，燒傷程度也嚴重。離爆炸中心稍遠一點的人，則燒傷程度不一定很重，其特點是損傷分布於朝向爆炸中心的身體一側，損傷類型主要是由炸裂爆炸物外殼、爆炸擊碎的介質作用於人體所形成的各種創口，創口周圍常有燒傷，並伴嚴重的骨質和內臟損傷。離爆炸中心再遠的人，受的主要是衝擊波損傷。

爆炸產生的衝擊波傷，對人體有很強的破壞力，特點是外輕內重（個別時候甚至體表不見損傷，或體表僅見波浪狀形狀的挫傷和表皮剝脫），體內見多發性內臟破裂、出血和骨折等，重者也可見挫裂創和撕脫傷，甚至體腔破裂。向爆炸中心一側損傷嚴重，另一側損傷較輕。衝擊波幾乎發生在所有種類的爆炸當中。衝擊波並不是科幻電影的那些超能力，而是一個非常複雜的物理學概念，簡言之，就是當物質膨脹速度超過音速的時候，就會產生一種波峰不連續的震盪波，威力十分龐大。衝擊波不僅有爆炸波，還有彈道波、雷擊聲甚至飛機轟鳴等（在超音速飛機飛行超過音速的時候，會明顯發現飛機周圍出現一圈空氣爆炸，這就是穿越「聲音屏障」的效果）。在距離較遠的情況下，衝擊波傷也能造成衣物撕裂、大面積擦傷、皮內或皮下出血、多處臟器損傷等。在明朝天啟六年（西元

1626 年）的王恭廠大爆炸和 1908 年西伯利亞的通古斯大爆炸都出現過類似的情況，幾公里外的人和物體都被掀翻，只不過這兩次爆炸（和四千年前的印度死丘事件並稱為世界三大神祕爆炸，由於死丘事件沒有目擊資料，因此不多描述）的原因至今還是謎團。

爆炸還有一些附帶的傷害，如拋射物（比如爆炸物附近的石頭）砸人造成的拋射傷，把人從高處震下來或把人震飛到空中再掉下來的拋墜傷（天啟大爆炸時皇宮有兩千名左右正在高處工作的工匠死於拋墜，人體受的能量相當於爆炸物的能量加上人體自由落體的動能），以及建築倒塌等情況造成的繼發性損傷。

被炸死的人，如果是面向爆炸中心，由於爆炸的強光，會出現閉眼反應。這時候此人的雙眼緊閉，眼角、眉間和鼻子根部會形成褶皺，這些褶皺當中一般是沒有煙塵或燒傷的，這種反應能區別此人是生前被炸死還是死後再被炸的。當然，也不是所有的爆炸都讓人來得及閉眼睛。根據日本提供的資料，當廣島、長崎原子彈爆炸時，很多在遠處看原子彈的人眼睛瞬間被燒壞，留下兩個燒焦的窟窿；爆炸中心城市的人直接被炸成灰……。

爆炸案件在勘察現場的時候，首先要確定的是爆炸中心，然後要確認死者的位置、姿勢和衣著情況，仔細做好紀錄。還要根據目擊者（如果有）的口供證明，結合現場勘查結果和屍

檢報告進行綜合分析，最後確定這是自殺、他殺還是意外。有些兇手（尤其是恐怖分子）會利用爆炸手段殺人同時又自殺，他們常是位於爆炸中心、損傷最嚴重的人。當遇到有多人同時在爆炸中死亡或肢體離斷者，需要進行個人識別。法醫在屍檢時，應注意提取現場的爆炸殘留物、尋找可疑引爆物，請相關技術人員鑑定，以分析爆炸物和引爆物的種類、包裝和引爆的方法等，從而為爆炸案件的偵破提供線索和證據。萬一現場還有殘留尚能引爆的爆炸物，要十分小心。

不要把小孩子和小動物放在一起
──動物類傷害

說完了火器傷，接下來我們來說些生活中多發的傷害──動物咬傷。很多人覺得動物是很會賣萌的，所以不用害怕，但是被動物咬傷的案件從來都不少。動物用牙齒攻擊和代替爪子表現某些行為是天性，即使是被馴服的動物，牙齒還是很鋒利的，也難免在嬉戲過程中對人造成傷害──皮糙肉厚的大叔尚且經不住讓貓狗咬著玩，更別提皮膚吹彈可破的小孩子了。這就是建議不要把孩子和貓狗放在一起的原因，即使寵物平時再聽話，還是有一定的危險性。小孩子難免「招貓逗狗」，成年

人被惹急了都會暴露出原始的本能來咬人，更何況是動物呢？在此喜歡寵物的讀者請不要和我辯論動物和人到底誰更有「人性」，離題啦。

　　咬痕是人或動物用上下顎相對於作用在人體或其他物體上並進行切磨、撕扯造成的，由於動物種類實在是太多了，有牙的動物都能對人造成咬傷，所以我們只能選擇性的挑幾種動物來講。第一種造成咬傷的動物，是在所有刑事案件中最常見的，屬於脊椎動物門哺乳動物綱靈長目智人科人屬的動物──就是我們人類啦！之前在提到鈍器傷的時候我們提過咬傷，雖然它也是一種特殊的鈍器傷，但是由於實在太特殊，我們不得不單獨拿出來說。我們在說用牙齒鑑定身分的那一章時介紹過，人類的牙齒咬合力比一般的家犬還要高，但是人類沒有突出的顎部，因此嘴用起來不是很方便。功夫明星李小龍就說過，關鍵時候就是要用牙齒咬，可是不能總想著一上來就用牙，那樣你只能被人打掉牙齒，所以咬痕一般不會單獨出現，而是摻雜在其他傷痕當中。人的嘴這麼短，咬肌也越來越退化，可是真打起來，往往顧不上什麼南拳北腿，都是打架如親嘴，兩人貼身扭打起來，看見不平一聲吼，該出口時就出口──所以人被咬傷的部位一般都是「不平」的地方，比如腮幫子、鼻頭、耳朵、肩膀、手指，由於人體各部分形態各異，皮下組織厚度和皮膚鬆弛度以及咬人者的位置、力度和方式都不同，所以咬痕可以有各種形態。通常咬痕會對稱分布在對應的兩側面上，幾個牙印以對稱的半弧形構成圓形或橢圓形，

上、下顎牙形成的咬痕不融合，嚴重者組織或器官部分缺失。

由於人類的牙齒分化比較明顯，分為切牙（門牙、板牙）、尖牙（犬齒、虎牙）、和磨牙（臼齒、槽牙），不同部位的牙及牙列形成的咬痕是有區別的。一般情況下，由於大部分人的牙齒都是上面比較大（除了某些嚴重地包天的人），上顎牙咬痕較下顎的大而長，且損傷也重，上顎牙排列較下顎牙鬆散。當咬的傷口比較小的時候，同上只有上下顎中部的切牙會在皮膚上留下痕跡：上顎中切牙牙冠較大，切面較薄較直，形成相對較長的一字形咬痕；下顎中切牙牙冠較小，切面也是又薄又直的，長度僅為上顎中切牙的三分之二，形成相對較短的一字形咬痕。尖牙切緣部較尖，反映在咬痕上為一個牙尖印，類似較尖的硬物擠壓傷。如果是雙尖牙，則形成頰面、舌面兩個牙尖印。長在靠後部位的磨牙有四五個牙尖印，呈方形分布，但由於人的嘴並不突出，磨牙一般較少形成咬痕。

人類牙齒的咬傷在兒童和女性為主的鬥毆案件中比較普遍，在攻擊和防禦時均可形成。牙齒是人體的天然身分證，考慮到不同人牙弓形態、牙的排列和疏密以及生理、病理變化的不同，加之又會有牙的修復、脫落等變化的影響，所以咬痕具有良好的個體特異性，可以作為良好的司法證據。

但是！一般輕微的咬痕僅會在皮膚上留下輕微的痕跡（一般是條狀皮膚壓痕，個別牙齒非常「崎嶇」的人除外），並很快消失（可以聯想小朋友在手臂上咬「手錶」玩），這就很難

作為證據了。稍重的咬痕形成皮下出血（就是出現短時間難以消失的血斑狀牙印），有時候伴有擦傷；更重的咬傷會使皮膚的完整性遭到破壞，形成挫裂創甚至組織器官缺損，創緣不整齊。由於人牙齒的結構特徵，咬痕通常由兩道形態相似、基本呈軸對稱的傷痕構成，由於人嘴大小的限制，兩條牙印之間的距離一般不超過三橫指（4～5cm 左右）。咬痕通常是由最靠外部的三到四顆切牙構成，因此可以透過咬痕知道這個人的牙齒形態，甚至推測出他做出標準微笑時呈現出什麼樣子。

由於咬痕有時候恢復得較快，所以當法醫遇到咬痕的時候，首先要提取咬痕表面的唾液斑，準備作物證檢驗、個體認定。如果是隔衣物形成的咬傷，應用紫外光檢查衣物上有無唾液斑或其他肉眼不能見的痕跡，唾液可以作為識別身分的證據。其次是加比例尺拍照、固定咬痕，對於曲面皮膚上的咬痕，應採取立體拍照，從多角度展現咬痕的特點。但是這還不夠直觀，法醫還要以最快的速度，用石膏液或矽膠採集咬痕印，並翻模還原。矽橡膠製作的模型有很多優點，成形後無氣泡，特徵反映細膩，不怕潮溼、震動、韌性強、方便攜帶和保存，或許這就是為何現在很多玩具廠商都用矽膠模擬人體的緣故吧。如果是屍體上的咬痕，一般都是活著的時候咬的，即便重口味咬屍體，但死者被咬後傷痕會長時間保留，還應取下相應部位皮膚，用 10% 福馬林（就是生物實驗室泡標本的那種藥水，有些黑心商人用它來泡魷魚之類的海鮮）固定保存。最後如發現了嫌疑人，則要用甲藻酸鹽、橡膠等採取嫌疑人牙模

型，以供比對。咬痕的比對，先要確定咬痕的方位、頜的類型與牙位以及咬痕特徵，再與嫌疑人牙模進行各方面比對分析，從而做出認定或否定的結論。法醫有時候用日本學者提出來的記點測量法來進行計算對比，如果各個參數吻合，則可以判定牙齒的主人。不過人的咬傷一般不會致命，除非咬到脖子，這倒是相對來說比較值得慶幸的。透過觀察和測量咬痕的形態、弧度以及相互的對應關係，分析其大小、位置、間距、角度、形態、著力點等，最終可以做到最大程度的還原案發情況。

值得注意的是，人自己也能咬自己，如常見的掐死、勒死和摀嘴等案例，死者很可能把自己的舌尖、舌緣、頰部、唇黏膜咬傷，也有不少案例把自己的前臂咬傷偽裝他傷（這種偽造者好像有點傻，不知道牙印和指紋是一樣的），應注意加以區別。

說完了人類的咬傷，接下來我們就要說一些關於狗咬傷的知識了。由於狗是人類最親密的朋友，任何城市、鄉鎮、村莊都能看到家犬或流浪狗的身影，就因為狗的數量基數大，傷人的案件所占比例也大，所以狗咬傷比其他各種咬傷加在一起還要多，各位一定要多加注意。人被狗咬傷按照程度可以分三級，一級是觸摸狗或被狗舔了無破損的皮膚，通常不用注射疫苗，但也有個別倒楣蛋中招。二級是未出血的皮膚咬傷或抓傷，見了紅印，但是血沒有流出來，或已破損的皮膚被狗舌頭舔及，應按咬傷處理，及時接種疫苗。三級是指一處或多處皮膚出血性咬傷或抓傷，被可疑的瘋動物唾液汙染黏膜後，應當

立即接種狂犬疫苗和抗體血清或免疫球蛋白。狗咬傷其實本來並不一定多嚴重，最可怕的是狗的唾液中可能含有狂犬病毒。

狂犬病毒入侵人體的方式多種多樣，不僅像剛才所說的三個等級的咬傷，還包括：宰殺患病動物或剝皮時的感染，被患病動物舔肛門，接觸患病動物排出的有毒汙染物，和患病動物接吻導致口腔黏膜感染，和患病動物吃喝同一食物導致消化道感染，吸入患病動物呼出的飛沫接觸導致呼吸道感染；護理攜帶病毒的病人時，病毒隨著病人唾液感染護理人員的手，再感染其傷口；母嬰感染等。在提到感染源的時候，我特意用了「患病動物」這個詞，而不是是單單說狗——其實，狂犬病毒不僅寄生在狗的體內（雖說狗是最主要的宿主，這個鍋還是讓狗自己背著吧），貓、猴子、蝙蝠甚至齧齒類動物都可能成為攜帶者。按世界衛生組織動物接觸分類標準，那些不幸被狂犬病毒入侵的受害者中，6.3% 僅與動物發生一級接觸（即觸摸或飼養動物，或被動物舔舐完整的皮膚），30.4% 為二級接觸（即造成輕微破損或無出血的輕微擦傷皮膚），63.3% 為三級接觸（穿透性的皮膚咬傷或抓傷，或黏膜汙染）。換句話說，和動物接觸當時或過後皮膚的損傷程度越高，狂犬病的發病可能性就越大。

讓全體人類的都聞之色變的大名鼎鼎的狂犬病毒，在顯微鏡下看，呈子彈形，一端比較平，一端凸起，直徑 64～80nm，長度 130～240nm。和大部分病毒一樣，這種病毒也是很容易完蛋的，害怕日光、紫外線、酸、鹼、超音波、高

度酒精等，在 100℃ 熱水中兩分鐘就會死亡，甚至 0.01% 碘液和 1% ～ 2% 的肥皂水也能殺死它們，但它在冷凍或凍乾狀態下可長期保存。別看狂犬病毒這麼脆弱，一旦進入人體，它攻城略地的能力可不是開玩笑的。這種病毒特別容易入侵神經系統，主要存在於患病動物的延腦、大腦皮層、小腦和脊髓中，並透過唾液從咬傷處傳播。進入人體後，會先從末梢神經處瘋狂繁殖，進攻中樞神經系統，向周圍神經離心性擴散，侵入各組織與器官，其中尤以唾液神經核、舌咽神經核和舌下神經核受損。發病者臨床上會出現恐水、怕風、呼吸困難、吞嚥困難等症狀，因此狂犬病又叫恐水症。特殊的恐水症狀表現在飲水、聽到流水聲時，均會引起嚴重的咽喉肌痙攣，不知道這時候患者撒尿的話會不會被自己嚇到。

狂犬病毒會使神經細胞腫脹、變性，形成以神經症狀為主的表現，如痙攣、麻痺和昏迷等。而唾液分泌和出汗增多乃交感神經受刺激所致，而迷走神經節、交感神經節和心臟神經節受損時會引起病人心血管功能紊亂或呼吸麻痺、器官衰竭最終突然死亡。解剖後會發現感染區域肌肉變成暗紫色，肌纖維腐朽。患者發病前會經歷一段潛伏期，運氣好的能潛伏一年以上，運氣差的不到一週就發病了，大多數維持在一到三個月之間。如果是小孩被咬到（任何毒性的傷害情況都與毒藥劑量和人體重的比例相關），那發病也會快一點，如果你的身材恰好和孩子比較接近，那就只能抓緊時間治療了。由於狂犬病毒愛攻擊中樞神經系統，說白了就是大腦司令部，所以頭面部被咬

傷的潛伏期最短，腳趾頭被咬傷的人們會幸運一點。另外傷口深、清創不澈底的人，也容易潛伏期短。一旦發病，整個病程進展會非常急促，從發病到死亡，只要兩天到一週的時間，那時候就算你有練過氣功什麼的，哪怕是歐陽鋒在世，也不可能把病毒逼出來了。發病的時候，人會陷入瘋狂的狀態，這時候也會咬傷其他人，並再次傳播病毒。我小時候看過一個新聞，國外一男子被瘋狗咬傷，發病後咬傷另一名路人，更可怕的是，他咬破自己嘴唇留下的血被二十幾隻馬路上尾隨的狗舔食，造成狂犬病毒一連串的瘋狂傳播，最後警察叔叔只能將事件現場所有的狗全部射殺。

　　狂犬病毒在世界範圍分布廣泛，而亞洲和非洲的鄉下地區是重災區（有資料顯示 98% 的死亡事件都發生在亞洲，因為非洲的鄉下不怎麼養狗），每年有 5.5 萬人感染狂犬病，一旦發病百分之百會死，算起來每十五分鐘就會有一個亞洲人死於狂犬病，比毒蛇、鯊魚、鱷魚、獅子、黃蜂、河馬、大象、熊加在一起造成的人類致死量（一年也不到一百人，不足一個零頭）都多得多。死者大多數是年齡小於 15 歲的青少年。國外一項全國性的人類狂犬病流行病學調查中提到，在狂犬病高發區觀察到的 711 個病例中，91% 的病例是被狗攻擊。所以孩子不能和動物靠太近，不能靠太近，不能靠太近！重要的事情說三遍！

　　有人說，我家的狗狗很健康，也非常注重衛生，這也會攜帶狂犬病毒嗎？關於健康犬能否傳播狂犬病，國際上如同「甜

鹹豆花哪個好」一樣，至少已爭論了五十多年。在多個研究中發現，外觀健康犬的腦組織中，有 3.7% ～ 17.9% 的樣本照樣能檢測或分離到狂犬病毒。但另外一些科學家堅持表示：你們的實驗有瑕疵！只不過不同檢測方法所得的不同結果而已。不管健康狗是不是真健康，反正世界衛生組織非常重視狂犬病的傳播，並要求一個地區的疫苗覆蓋量達到 70% 以上，這樣才能有效控制狂犬病。所以，和動物玩耍時一定要多加小心，被咬傷後，一定要先用大量肥皂水沖洗傷口，然後不要包紮，快速去醫院接種疫苗，別心疼錢，保命要緊！

這時候喜歡其他動物的朋友可能不高興了，我們主要在講機械損傷，你說這麼多病毒的做什麼？好，接下來就應該輪到其他動物出場了。一般來說，動物越高級，對人體的機械損傷就越嚴重，主要表現為體表皮膚表面、皮下的廣泛撕裂創，並伴有骨折及內臟器官的損傷，臨床表現為失血性休克的一系列症狀。動物損傷的部位與動物的大小和人的身高有關。通常動物越小，損傷就越容易集中在下半身（會飛的動物和樹棲動物除外），動物越大，受傷部位就越靠上。動物傷人的主要方式包括啄傷、咬傷、抓傷、足蹄傷和其他形式的撞傷。值得注意的是，有時候小動物也能造成重傷，尤其是看似無害的家養動物。當人們蹲下來和牠們接觸的時候，就容易造成上半身的重傷。國外就發生過 3 歲女童被公雞啄瞎眼的事故。部分被動物傷害的人們事後會出現精神障礙，形成相應的恐懼症（phobia）——即我們常說的「一朝被蛇咬，十年怕井繩」。因

此，我們一定要保護好小孩子，嚴格限制他們與動物接觸，同時管好自己養的寵物！

那麼，如果發現了一具疑似被狗咬死的屍體，應該怎麼判斷呢？首先從傷痕上看，死者的損傷分布沒有規律，大多比較淺表，其中大多數是瀕死傷或者死後傷，且都是成對出現的，出現的部位有的人為不好形成，甚至難以形成。死者的體表損傷創緣整齊，創角銳貌似銳器傷，但創壁不平、創腔內況不符合銳器傷，應該是較銳的物體的切割皮膚後擠壓、撕扯所致。損傷的形成有先後之分，既有皮擦傷，又有多處創口，皮擦傷在前，創口在後，較大的創口可以是貫通的，創腔內可見肌肉組織分離，肌肉纖維切斷不在一個面上，而且相對凌亂、參差不齊，就像有個成語叫犬牙交錯，用在這裡正合適。死者頸動脈通常是橫斷的，斷面較齊，像是水平用力垂直離斷特徵，頸動脈旁的迷走神經會出現撕拉狀斷裂。因為狗咬人的傷痕兼具鈍器傷和銳器傷的特點，所以有人稱之為「撕咬傷」。另外，死者所穿的外衣上會有多處對稱的點狀或短條狀的印痕（甚至可能造成衣服撕裂），印痕表面比較光亮，相應部位的屍體上有相應的損傷，因角度不同、力度的大小不同，故形態也各異、損傷程度也不同，很難偽造。死者表皮還會出現間隔約1cm的平行劃痕，通常三道一組，與人指甲劃傷有明顯區別。狗也不會像人那樣偽造作案痕跡，所以現場會留下梅花形的腳印，如果是血腳印就更有利於破案了。最後，一定要進一步查找狗是否有主人，判斷牠在案件中是作為凶器還是元兇出現。

　　除了狗之外，其他家養動物，如馬、驢、牛、羊、豬、駱駝等，也容易對人造成咬傷，而且通常會更厲害，你看看牠們腮幫子的肌肉有多麼強壯就不難想像，千萬別以為人家是草食性動物，咬合力就會比較弱。我們以名聲不太好的豬為例子，來分析一下豬咬傷的特徵：豬為以吃草為主的雜食性動物，其牙床呈「[」形，上切牙呈柱狀，雄性有犬齒，長而尖且十分發達，有的露出口腔外。犬齒是豬類動物區別於其他草食動物的重要特徵（大象的長牙是門牙），目前現存的有蹄類動物只有豬和近親河馬擁有粗大的犬齒（原麝那種賣萌的就放過牠吧）。因此，豬咬傷創與其牙床形狀類似，口創腔深，邊緣不齊。由於尖牙銳利，會造成深部軟組織的多處嚴重損傷，部分肌組織會被撕扯成條狀，部分皮膚、肌組織缺損，創緣可形成多個皮瓣。像很多草食動物一樣，豬在咬合時還有撕扯動作，因而牙齒咬合形成的印痕不明顯，這便形成了豬咬痕的又一特殊形態特徵。另外，由於豬的特徵，因此法醫遇到疑似豬咬傷的案件時，需要對咬傷創口的附著物進行檢驗，創口周圍及死者衣物上可見豬的汙黑色糞便，且成分與豬圈內汙泥相同。

　　出了家畜這些相對大的生物，一些小動物也會咬傷人，比如老鼠。老鼠有一對有力的門牙，三對臼齒，沒有犬齒和前臼齒，門牙與臼齒之前有寬闊的空隙。鼠咬痕的形態特徵一般表現為：創口不大一般只有幾公分，創緣極不規則，有鋸齒狀的小齒痕，傷口很淺，其深度一般僅達皮下筋膜。鼠咬痕的部位也有一定特徵，多集中於顏面部，如眼睛、口唇、鼻尖、耳

廓等比較適合老鼠下嘴的部位，其他身體裸露部位，如手指、腳趾甚至裸睡時候的生殖器等，也可能被老鼠咬傷。通常老鼠咬傷都是死後傷，如果死者死在衛生條件不太好的環境中，短時間內又沒人發現，就很可能出現這類傷痕，死後傷的組織收縮、局部腫脹都不明顯，且創面乾燥無明顯痂皮形成。

如果你在某些熱帶雨林或者類似的環境中露天睡覺，還有可能會被一些小吸血鬼攻擊，牠們就是吸血蝙蝠。吸血蝙蝠主要分布在美洲，是群居動物，牠們白天潛伏在洞中，等到午夜前飛出山洞，常距地面 1m 左右低空飛行搜尋食物。牠們的個頭都很小，體長不超過 9cm，體重一般不超過 30 ～ 40g，但是食量很大，吸血量能超過身體的一半，個別貪吃的甚至能吸和自己體重相當的血液然後再接著飛。不過血液這種東西刨除水分也沒多少乾貨，牠們的腎臟會快速濃縮血液，所以吃飽之後牠們會一邊飛一邊大量排尿（這可真是太討厭了）。回到洞裡之後，牠們會倒掛在高處繼續消化，之後排出氨水味的糞便。所以如果你來到哪個山洞口，聞到這種很濃重的味道，千萬別進去了，說不定你就成了送上門的「吳柏毅」。

由於吸血的緣故，牠們的頭骨和牙齒已經進化得相當有特點，嘴裡牙不多，但是一對上犬齒特別發達，像刀片一樣鋒利，方便割開受害者的皮膚，然後用舌頭舔血。不同種類的吸血蝙蝠喜歡的食物來源也不同，有喜歡吸鳥類的，也有喜歡吸哺乳動物的。牠們的口水中有抗血凝的物質，會讓你的傷口流血不止，如傷心的眼淚一樣一直流到天亮。這小傢伙還非常狡

猹，如果被吸血的動物發現了要掙扎，牠們立即會飛開或跑開（沒錯，吸血蝙蝠是會逃跑的！不像其他大部分蝙蝠在地上時只能慢慢爬）。通常吸血的位置都在皮膚較薄、毛髮稀疏的地方，比如雞冠、雞腿、豬肚、動物的肛門和生殖器等處。對於那些在吊床上睡覺的人來說，一般咬傷位置集中在眼皮、口唇、耳朵等地，傷口一般只有米粒大小，但是大片的血汙還是會在早上嚇人一跳。這些小傷口當然不致命，但是吸血蝙蝠會攜帶很多病毒和寄生蟲，讓被咬的人畜感染狂犬病毒、日本腦炎病毒、伊波拉病毒、SARS 病毒、瘧疾和錐蟲病等。所以，千萬別小看那些不起眼的小動物啊。

人類皮膚太脆弱，沒事別調戲動物，即便你不把牠們當朋友也別胡來，人家在自然界中摸爬滾打了這麼久，想傷到你也就幾分鐘的事，我們可不都是《荒野求生秘技》裡頭的貝爾啊。

威力龐大的老天爺
——自然界傷害

雷擊致死

時間是 2014 年 1 月 16 日，巴西里約熱內盧科爾克普克羅山（又名駝背山）上，身高 38m 的耶穌巨像雙臂大張，臉上充滿堅毅，面對即將來臨的暴風驟雨，巍然不動，彷彿在說：「來啊，互相傷害啊！」只見一道閃電，隨即傳來空氣和岩石炸裂的聲音，耶穌像的右手被劈殘，空中彷彿傳來更加不可抗拒的聲音：「I！AM！YOUR！FATHER！」這場《星際大戰》一般的天地大 PK 結束後，耶穌借在場的神職人員之口解釋：祂已經習慣了被這樣對待，除了被釘上十字架那次，巴西的耶穌像每年都要被雷劈三四次。

　　從上述故事我們可以得知，雷擊是如此頻繁，而且殺傷力巨大。普通人因為個子比較矮小，被雷直接劈中的機率不是很大，但上帝一旦降下天雷來，那可是無差別攻擊，所以下雨天千萬別在戶外找死，躲在大樹或者電線桿旁邊，你就是個活的電容瓶。那位下雨天用鐵絲放風箏的班傑明・富蘭克林因為政治家特有的警惕性沒有玩得太過火，手還不敢直接摸鐵絲。可是第二年（西元 1753 年）就有來自戰鬥民族的俄羅斯科學院院士里奇曼（Richmann）開始模仿富蘭克林做類似的實驗，想用鐵桿把閃電引到屋裡，結果被當場電死，里奇曼的一位同事還不滿足，在里奇曼剛下葬後，力排眾議再次實驗，最後也被電死了（短時間內被非全職從事科學研究的美國政客間接唬弄死了兩名科學家，不知道美俄矛盾是不是從這時候就開始了）。

　　在此不得不嚴肅的說，大自然擁有最恐怖的力量，比人類

的任何武器都要厲害，非常值得大地上的烏合之眾敬畏。本章我們就好好談談雷擊傷、凍傷、熱死等無兇手但是非常嚴重的傷害。看完之後，希望你能多加小心，更加謹慎的對待上帝的憤怒。

雷擊是雷雨雲產生的強烈的放電現象，簡單來說，就是高壓電擊穿了雲層與地面之間的空氣（雲層與雲層之間也會放電，但是影響不到地面就不在雷擊傷的考慮範圍了）。要知道小號電棒打出藍色電火花時，擊穿那一公分的空氣就要幾萬伏特，高的有三百萬伏特，那麼請猜猜看，要擊穿從雲層到地面的空氣（雖然是雨前溼潤的空氣）要多大的電壓？人類並不是耐電的動物，安全電壓只有 36V，持續接觸的安全電壓是 24V，安全電流為 10mA，超過這個數值就容易出危險。可是閃電的電壓高達 1 億～ 10 億伏特，電流高達幾萬安培，打在人身上，不能說完全沒有生還機率，反正是非常小了。雷擊的瞬間溫度高達 10,000℃～ 30,000℃，足以摧毀建築、劈開樹木，殺傷成群的人畜。夏季冒雨走路和在破電線旁邊最容易被雷擊，尤其是穿著溼衣服的時候。

雷電之所以殺傷力那麼大，單純靠電流和高溫時不夠的。由於雷電是超高壓直流電，瞬間放電量大，閃電的電弧會使大氣溫度驟然增加，進而產生爆炸作用，這就是為什麼很多被雷電打中的人會被「扔」出去。所以遇到雷擊致死的案例，要注意死因有三點：電流損傷、熱作用、氣浪的作用。

被雷電打中的人，有時候會在皮膚上留下紅色或薔薇色樹枝狀或燕尾狀的「雷擊紋」，看上去像是一種特殊的紋身，還挺酷的。其實被電的過程一點也不酷，雷擊紋是由於電流透過局部皮膚，導致皮膚燒傷及皮下血管麻痺擴張所致，伴有血液滲出。雷電擊紋多位於頸、胸部，也可位於肩、前臂、腋窩、脅腹側、腹股溝與大腿等處。這些特殊傷痕有可能是雷擊傷僅有的證據，有很大的診斷價值。但是它褪色或消失迅速，有時在死後 24 小時內即不復存在。網路上可以看到很多被雷電擊傷的倖存者，把自己的雷擊紋都拍下來了，猛一看還以為是黑社會紋的大蜈蚣呢。另外一部分被雷擊的人皮膚損傷差異則大相逕庭，體表甚至可能無任何損傷，但多數的傷者都能發現燒傷、電流入口及出口。更倒楣的當然是那些皮膚被燒得焦黑的人啦！

除了電流造成的傷害，雷電還會導致燒傷，人攜帶的金屬物品如錶帶、項鍊、硬幣等接觸部位的皮膚，由於焦耳熱效應或電弧效應，讓金屬變得非常熱，會因局部高溫產生燒傷。金屬物品熔化，使局部燒傷的形態類似上述物品，並造成衣服及所帶金屬物品的損壞。

比起表面的破相，更可怕的是雷電，死者內部損傷有時候很嚴重，如骨折、腦損傷、鼓膜破裂、感覺性耳聾、腎臟損害、眼部損害、血管和內臟器官破裂、心室顫動（ventricular fibrillation）等，嚴重的會出現心跳停止，呼吸肌麻痺。我們心臟就像兩個強有力的抽水馬達並排在一起，左心室把血液送往

全身各處，而右心室把帶有二氧化碳和廢物的血液送到肺部去。兩個心室平時合作得十分有默契，一般會同時收縮或擴張，因而兩個心室裡就會產生足以使血液循環的壓力，維持血液的全身循環和肺循環。可是電流通過的時候，心肌肌肉纖維間協調性遭受干擾，它們變成單獨以各自的速率收縮而不再同步，這樣心室裡就無法產生壓力，血液循環隨即停止，四分鐘之內就可能導致死亡。此時整個心室呈現出微弱的、不規則的抽動，這就是所謂的「纖維性顫動」。

想要不被雷劈，雷雨天就不要隨意在室外走動或在大樹下避雨，同時拿掉身上炫富用的金屬製品，打雷的時候盡量蹲下，把雷擊留給高個子，在高樓外需盡快入室，在高山的地方盡量快下山。在家裡的朋友也應該盡量關閉電視、收音機，有天線的同時拔掉天線。其他電燈、電源、路燈桿，也應該盡量遠離。躲到水裡就更不安全了，應該快速上岸。在室外者如果感到頭髮豎立，皮膚刺痛，肌肉發抖，好像要變身超級賽亞人一樣，即有被閃電擊中的危險，應立即臥倒或原地蹲下，可避免雷擊。

雷擊人體受傷害的最主要原因是電流損傷，電流透過人體時會同時產生熱效應、機械效應、化學效應和電磁效應。和被電線擊傷的不同，不雷電流比普通電流強得多，但通過的時間很短，一般都在千分之幾秒以下。當電流透過人體時，不僅會使皮膚和內臟燒傷，同時由於電流通過，肌肉收縮，使人跌倒和造成骨折。電流的化學效應也很可怕，它會使血液中的血紅

素分解成有毒的物質，使細胞缺氧。

電流的另一個作用是導致呼吸停止，當電流經過腦幹的呼吸中樞時，會破壞這個地方，使呼吸停止，並且無法自行恢復。如果遇雷擊的那個人比較幸運，電流只流經人體其他部分而未流經呼吸中樞，也會使胸部肌肉射散造成呼吸障礙，當電流停止後，呼吸是可能自然恢復的，急救主要是針對前一種情況。

就算沒有雷電那麼高的電壓，一般的低壓電也能致人死亡，至於到底人體通過多大的電流會致死？這個問題還沒有一致的意見，畢竟拿人類做這種實驗違背倫理，我們只能根據相關資料（資料來源是「二戰」時期帝國主義侵略者慘無人道的人體實驗）介紹，這些實驗往往都是以工頻電流或直流電流作為依據的。通常通過人體電流超過 10mA 的時候，肌肉就會收縮，有明顯麻痺感覺，超過 100mA，歷時一分鐘以上大多數人都會死亡。但是在真正的電擊時，電流流經人體不同部位，其後果有明顯差別，電流流經心臟、大腦等最重要的器官時，後果比較嚴重。當電擊位置固定時，其後果的嚴重程度與電流經過人體的電荷量和能量有增函數的關係。我們一直強調的雷電，雖然強度大，但由於通電時間短，一般只有毫秒數量級，再加上它有特殊的物理特性，電流有時在皮膚外短路，所以遭受雷擊後，人體內通過的電量和接受的能量未必很大，即使心臟已經停止跳動，呼吸也已經停止，這種情況往往是假死，所以不要放棄，搶救的話還能活過來，存活的機會也相當高。只

有受害者全身出現紫藍色斑紋，變得跟阿凡達差不多的時候，才會停止搶救，並安撫受害者家屬情緒。最後再說一句題外話，遇見被雷擊的受害者，最好是當場搶救，進行人工呼吸或心肺復甦，送到醫院的話往往都來不及了。有些身強力壯的幸運者因為搶救及時，受到 90 ～ 110kV 的雷電傷害，也能撿回一條命。像《丁丁歷險記》裡的人物那樣多次被閃電炸飛還只是皮外傷的，也只能是在童話作品裡出現了。

在玩遊戲的時候，除了速度高、傷害大，可以造成連鎖反應的雷電系法師是很神的存在外，寒冰系法師也是讓人敬畏的存在。不同於雷電的速戰速決，寒冷對地球和人體都會造成持久的傷害。

凍死

凍死事件一般發生在寒冷地區及高原地帶，常在寒冷的冬季，比如西伯利亞的戰鬥民族就經常出現這種情況，臺灣的冬季偶爾也可見凍死者。所以法醫在勘查現場或屍檢時，一定要查明現場當時的溫度和溼度，萬一這人是被放冰箱裡凍死然後丟到外面的呢？在現實中，凍死大多數是因為自然災害事故，他殺比較少，萬一受害者身體如美國隊長一樣壯，過一會兒又活過來了呢？因為死得比較慢，所以凍死作為自殺手段極為罕見，大家腦子裡能想到的恐怕只有像戰國時期左伯桃那樣自己把自己凍死的極端案例。凍死偶爾作為他殺手段，常見於虐待或遺棄老人、兒童等，或狠心的監護人不給受害者穿暖吃飽而

發生凍死。另外，居無定所的精神病患、乞丐、流浪者、醉酒者也易發生凍死事件，但要注意拋屍偽裝凍死的可能性。

　　人類是典型的恆溫動物（俗稱熱血動物），體溫不會隨著外界環境而變化，不論是生活在熱帶的非洲黑人，還是生活在北極圈的因紐特人，體溫都在37℃左右。而那些變溫動物（俗稱冷血動物），則需要在溫度低的時候進入冬眠狀態。人是透過調節毛髮根部的緊張性、改變血流速度等方式來控制體溫的，當身體較長時間處於低溫和潮溼刺激時，就會使體表的血管發生痙攣，血液流量因此減少，造成組織缺血缺氧，從而使細胞受到損傷，尤其是肢體遠端血液循環較差的部位，如腳趾，一般是大腳趾最先凍傷。凍傷的原因不僅僅是因為天氣寒冷，潮溼和風速使人體散熱加快，還可能因為鞋襪過緊、長時間站立不動或長時間浸在水中，使局部血液循環發生障礙，熱量減少，形成凍傷。部分更倒楣的人，由於疲勞、虛弱、緊張、飢餓、失血或創傷等，人體對外界溫度變化調節和適應能力減弱，局部熱量減少，不幸導致凍傷。

　　冰天雪地中，身體如果有些地方包得不嚴實，很容易造成局部凍傷。局部凍傷可以劃分為反應前期、反應期和反應後期。反應前期是指凍傷後至復溫融化前的一個階段，其主要臨床表現有「受凍部位冰涼、蒼白、堅硬、感覺麻木或喪失」。由於局部處於凍結狀態，其損傷範圍和程度往往難以判定。之前我們說過法醫關於傷重程度的判斷，是按照恢復後的功能損失情況判定的，在此我們又想起了一位參加過兩次世界大戰的

英雄，再一次默默為金剛狼爺爺點上一根悲哀的蠟燭。

反應期包括復溫融化和復溫融化後的階段，而反應後期就是指一、二度凍傷癒合後，和確定三、四度凍傷壞死組織的時候。一度凍傷最輕，即常見的「凍瘡」，國外很多貪玩的小孩子在冬天都會受到這種傷害，一度凍傷受損在表皮層，受凍部位皮膚紅腫充血，後期自覺熱、癢、灼痛，症狀在數日後消失，癒後表皮脫落，不留疤痕。二度凍傷傷及真皮淺層，傷後除紅腫外，伴有水泡，泡內為血性液，深部會出現水腫，劇痛，皮膚感覺遲鈍。這種凍傷也可以癒合。三度凍傷就比較嚴重了，這種凍傷會傷及皮膚全層，出現黑色或紫褐色，此時痛覺已經喪失，傷後不易癒合，除有疤痕外，還會有長期敏感或疼痛。最嚴重的是四度凍傷，不僅傷及皮膚、皮下組織、肌肉，甚至有可能傷到骨頭，出現壞死、感覺喪失，癒後有疤痕形成。如果是腳凍傷，除了會在前期出現凍傷皮膚局部發冷，出現蒼白或青紫，感覺減退或敏感之外，恢復時期還會出現痛覺敏感、肢體不能持重等現象。這些現象是由於交感神經或周圍神經損傷後功能紊亂所引起的。如果凍傷侵襲到腳部近端指趾骨、腕骨或跗骨造成損傷，可能還需要截肢。

比凍傷更嚴重的是凍僵，皮膚蒼白冰冷，有時面部和周圍組織有水腫，神志模糊或昏迷，肌肉強直（myotonia），瞳孔對光反射遲鈍或消失。心動過緩、心律不齊、血壓降低甚至測不到，部分人出現心房和心室顫動，嚴重時心跳停止，可以說是一種瀕死狀態。這時候凍僵者的呼吸慢而淺，嚴重者偶爾可

見一、兩次微弱呼吸。由於深度燙傷也會有水腫，在沒有位於相應寒冷環境的時候，有時候猛一看會造成誤判，在實際過程中，不僅要觀察，還要感受其溫度。在解剖凍死的屍體時，需提取胃內容物及血液進行毒物分析，看看是不是被人下藥麻醉再扔到雪地裡頭的，再結合現場各種線索，排除他殺、自殺，最後才能確定凍死。

從特徵上看，凍僵的人和死人已經差不多了，但是由於很難具體判斷傷者是不是有機會活過來，一般在雪地裡發現這些受害者的時候，不管凍成什麼程度，都要堅持急救和治療原則：先迅速脫離寒冷環境，防止繼續受凍，然後抓緊時間快速復溫。迅速復溫是凍傷的基本治療目標，目的是防止進一步的冷暴露以及恢復血液循環。早期的治療是用衣物或者溫暖的手來覆蓋受凍的部位或其他身體表面使之保持適當溫度，以維持足夠的血液供應。如果需要快速水浴復溫，水浴溫度應為37℃～43℃適用於各種凍傷，千萬別用七八十度的熱水來強力解凍。當然，解凍過程當中最好服用一些止痛藥，當皮膚變得紅潤柔滑時，表示完全解凍了。有些電視劇會出現用冰塊擦拭凍僵的四肢、單純的用火乾烤加熱或緩慢復溫之類的鏡頭，這樣其實都不太好，會進一步損傷組織。其實，不管是什麼程度的傷，對受傷部位的任何摩擦都是禁止的。還有一點要注意的是，如果分不清是二度還是三度凍傷，應當按照三度凍傷治療。如果需要手術處理，應當盡量減少傷殘，最大限度的保留尚有存活能力的肢體功能，只有在迫不得已的時候才能截肢。

其他諸如塗抹凍傷膏、服用活血化瘀的藥物、抗休克抗感染。

比凍傷更嚴重的，就是凍死了，常見的凍死分為凍結（congelation）、冷卻和低溫三種情況。凍結是指生物細胞內發生凍結（大家知道細胞當中有豐富的液體，如果凍結的話，細胞會被撐破），或者由於細胞外凍結超過一定程度時引起的細胞死亡，而且由此所造成的傷害不能代償。我們的大腦大部分都是水分，若是全都結冰撐破腦細胞，這要命的痛快真是不敢想像。冷卻是指生物被冷卻到 0℃ 左右或 0℃ 以下，由於物質代謝的紊亂和細胞質發生物理化學變化的緣故，常在未發生凍結時就會死亡。其中，冷卻的速度對死者的傷害程度能產生較大影響，一般來說，速凍對細胞的傷害比較小，科學家也一直在尋找一種快速冷凍的方法，讓細胞內的液體呈現玻璃態的非晶體結構，這樣就能最大限度保護細胞。美國物理學家詹姆斯·貝德福德（James Bedford）曾經投資建立過一個人體冷凍實驗室，他自己就是第一個被速凍的人，後來又相繼有幾百人在這裡被冷凍，可是現在整整五十年過去了，還沒有能把人解凍復活的技術。除此之外，對恆溫動物來說，如果將其冷卻在低於正常體溫 10℃～ 20℃ 左右時，儘管比 0℃ 高得多，但也會因喪失正常機能而致死，想想你是不是在天冷時特別容易打哈欠？另外，在過度疲勞的情況下，人體會被迫加快散熱；若產熱低於散熱，也容易引起機體無法正常供能，出現「疲勞凍死」的情況。

人在凍死之前，身體會出現如下的變化，分為如下四個階

段：首先是興奮期，體溫在 35℃～ 36℃，屬於寒冷初期，出現寒戰，起雞皮疙瘩。這時候人的呼吸、心跳加快，血壓升高，神經處於興奮狀態，好像體驗了「初戀的感覺」，此期可產生較多的熱量維持下降的體溫。如果你覺得人體的構造很不公平——表面沒有毛，還不能冬眠，這不是只能等死嗎？這個階段的第一次血液重新分布就能救你一陣，皮膚及皮下血管收縮，血液流向機體的深層，減少熱量的散失，這些變化稱為「保溫反應」。第二個階段就是興奮減弱期，在飢寒交迫的情況下，人顯然不能長期亢奮，只能如在雪地中縫狐皮長袍的老太太那樣，又冷又餓的跌倒在雪地上。這時候人的體溫在 30℃～ 35℃，血液循環和呼吸功能逐漸減弱，呼吸、心率減慢，血壓下降。精神也會出現倦怠，運動不靈活，並出現意識障礙，這時候如果睡著了，肯定不會有什麼好結果。新生兒和心臟病患者容易死於此期，很多喝酒的俄羅斯人也是這個時期沒撐過去就在街頭掛掉的，這個時期持續的時間比較長。如果成功進入下一個階段，那就真的糟糕了，基本上屬於「沒人救你就玩完了」的狀態。這個階段成為抑制期，人的體溫在 26℃～ 30℃，心率、呼吸和血壓逐漸下降，對外界刺激反應變得遲鈍，意識處於像某些抽象詩歌一樣的朦朧狀態。此時期，人的體表溫度和肛溫有一段時間接近或相等，會出現「反常熱感覺」，發生「反常脫衣」的現象。為什麼這時候會變得這麼「寡廉鮮恥」呢？這是由於低溫使大腦皮層進入抑制期，失去對體溫的調節控制作用。在下視丘的調節下，皮膚血管擴張，血液進行了第二次重新分布，機體深層的溫暖血液充盈皮

膚血管，體內中心溫度下降得快，體表溫度下降得慢，造成體表和體內溫度接近或相等。這時體溫雖然一直在下降，皮膚感受器卻有熱的感覺，丘腦下部體溫調節中樞發出錯誤的熱的訊號，傳遞到動器，才導致凍死前「反常脫衣」現象。另外，據相關資料報導，在高海拔地區被凍壞的人，由於低溫缺氧的環境，可能引起精神錯亂和判斷力減退。也有些學者認為由於寒冷，促使體內分泌大量腎上腺素，腎上腺素氧化後的產物能產生幻覺，也就是說人被自己的激素激動壞了。有人推測，不管是被凍傻了還是激動壞了，人可能失去辨認方向的能力，在局部地區來回走動，留下一趟趟足跡，如果是大雪天，那就更容易發現這種痕跡了。但是四處走走並沒什麼用，此時此刻，由於寒冷侵襲身體的深處，微血管通透性增強，間質水腫，內臟瘀血，循環血量減少，心血搏出量減少，心臟傳導系統的不應期縮短，最後可以導致心室顫動死亡。就算撐過了第三階段，還有第四階段──完全麻痺期，人的體溫在 25℃以下，體溫調節中樞功能衰竭，呼吸、心跳抑制，血壓幾乎呈直線下降，各種反射消失，對外界刺激無反應，和死人幾乎沒什麼區別，最終血管運動中樞及呼吸中樞麻痺，澈底沒救。由於缺乏嚴格控制的冷凍實驗室那樣的環境，大家最好別寄希望於解凍後復活，畢竟我們不是那些會冬眠的動物，能用葡萄糖等當防凍液保護內臟。

　　除了上述的這些概念，凍死的生理機制也是非常複雜的，受個體和環境因素影響較大。和其他傷害類似，比較脆弱的老

年人、嬰幼兒及顱腦損傷的人（你如果顱骨已經穿孔，那只能呵呵苦笑了）容易發生凍死；身體主要器官患有疾病的人，低溫會誘發或加重原有疾病而引起死亡。不過，醫學上利用低溫麻醉，可建立可逆性生理抑制，因為低溫時組織的耗氧量也大幅減少，很少發生組織缺氧。可是這只是在短時間內的，上文已經說過了在低溫條件下，心肌會產生引起心室顫動，最終心功能衰竭死亡。就算不發生心室顫動，由於低溫血管擴張、麻痺、血流緩慢乃至停止，血液循環障礙，時間長了還是缺氧——組織缺氧，腦缺氧，最終導致血管運動中樞及呼吸運動中樞麻痺死亡。這個論調是不是很熟悉？沒錯，大部分的死亡都是細胞缺氧所致。

凍死的屍體有非常明顯的外部特徵。剛才我們說了，凍死的人中樞神經系統被抑制，全身呈麻痺狀態，丘腦下部體溫調節中樞卻發出錯誤的訊號「反常熱感覺」，所以凍到極致的人是不覺得冷的，他們一般都死得很安詳，呈自然狀態或捲曲狀，有時候甚至帶著一些詭異的微笑。很多時候，如果在野外突然發病，比如腎結石、闌尾炎之類的，摀著肚子痛倒在路邊，也能導致凍死。這時候死者就是嚴重捲曲且表情痛苦的了。凍死的屍體也有屍斑，與其他死者不太一樣的是，凍死的屍斑呈鮮紅色。放置在室溫環境解凍之後，屍斑會由鮮紅色變為暗紅色或紫紅色。為什麼顏色會這麼華麗呢？這其中有一些化學問題，因低溫時淺表血管內的還原血紅素變為氧合血紅素，簡單來說就是血液成分發生改變了，所以屍斑呈鮮紅色，

屍體深層血液還是暗紅色。不過要注意的是，非凍死的屍體屍斑呈暗紅色或紫紅色，若將屍體放入冰箱凍結或放在零下溫度的雪地一夜，屍斑也會由暗紅色變為鮮紅色。由此可見，屍斑鮮紅色不是凍死屍體特有的屍體徵象，先凍後凍都會發生這種現象。至於前文提到的僵硬現象，凍死屍體的屍僵發生晚、消失慢，而且強硬（這個不用想像也能知道，凍硬了）。不過，有趣的是，凍僵的屍體在解凍後還能發生屍僵。和冰箱裡的肉一樣，凍結的屍體腐敗發生緩慢，解凍後則腐敗進行迅速，其中一個重要的原因，當然是因為細胞都被撐破了嘛！從總體上看，就是肉都壞了。在環境溫度 0°C左右時，受害人的死亡過程是逐漸發展的。在屍體的局部，特別是沒有被衣物遮蓋的部分，會出現輕度、中度的凍傷，呈紫紅色腫脹──有人會說這好像是廢話，沒凍死的人也會有這些性狀，但是屍體的腫脹和衣服遮蓋部位有明顯界線，其間可見水泡。不管是男人還是女人，那些活著的時候皮膚比較敏感的部位，能表現第一、第二性徵的部位，男女的外生殖器和女性的胸部，都會出現明顯的收縮。當然，僅限於與皮膚相關的，骨盆什麼的可不會收縮。

除此之外，凍死的遇難者身上還會出現與屍斑無關的鮮紅色斑，往往出現在屍斑不可能出現的部位──四肢等身體暴露處多見孤立、鮮紅色的斑，這些斑也算是凍死的人的一個重要特徵。還有我們剛才提到的「反常脫衣」現象，除患有疾病或服安眠鎮靜藥後凍死的屍體外，一般凍死屍體都有不同程度的「反常脫衣」──有的外套脫掉，有的鞋帽脫掉，有的手套圍

巾脫掉，有的通通脫掉，不知道的還以為被杜德偉的〈脫掉〉洗腦了呢。所以遇到這種屍體的時候，應當仔細勘驗凍死的現場，注意與搶劫或強姦殺人案例相區別。凍死的人體表常常帶有跌倒時候的擦傷及皮下出血，這也要與傷害案件相區別。

說完了體表的變化還不夠，凍傷最可怕的是，它會對內臟器官造成很大的影響。最嚴重且明顯的是大腦，剛才我們提到大腦中的水分很多，所以溫度下降之後，細胞膨脹，腦組織和腦膜都會充血水腫，當顱中溫度下降到8℃時，腦組織體積增加到最大限度，甚至會使顱骨骨縫脹開。要知道，人的顱骨骨縫連接是非常複雜的，連機器都無法將其分開（放上種子在裡頭萌芽倒是有可能撐開它）。在割開皮膚之後，你會看到屍體的肌肉也是鮮紅色，大家可以想像超市裡頭的冷鮮肉——這些冷鮮肉活著的時候當然是先殺了再凍的，所以肌肉呈鮮紅色不是凍死屍體獨有的徵象，不管是凍死的屍體，還是先死了再凍，都會有這種情況。解剖到心臟的時候，還會發現左右心室的血是不一樣的：左心室血液呈鮮紅色，右心室血液呈暗紅色。如果你膽子夠大，將心臟取出後，可以看到由肺靜脈流出的血是鮮紅色，肺動脈流出的血是暗紅色。要是還看不出區別，可以把左右心室的血液取出，分別放在試管中仔細觀察。為什麼僅僅隔著一小片肉，左右心室血液的顏色就不同呢？這是死前人吸入低溫空氣導致的結果。憑這一點，可以判斷這人在被凍的時候是不是還活著，可以說是凍死屍體獨有的特殊徵象。

接著解剖消化道，也會發現異常狀況，在胃黏膜等消化道，沿血管可見褐色或深褐色瀰漫性出血斑點，數量和大小不等，從幾個到幾十個都可能，大如碗豆小如米粒。斑點狀出血形成的原因，可能是低溫導致的胃腸道血管痙攣，然後血管發生擴張，使血管通透性發生變化，使小血管或微血管一定程度上的滲血。由於凍死時胃黏膜出血斑，是一名叫做維斯涅夫斯基的蘇聯學者發現的，所以稱之為維斯涅夫斯基氏斑（Wischnewski spots）。這種出血點的發生率為 85% ～ 90%，是生前凍死時最有價值的徵象。如果凍死過程延長，胃黏膜會壞死脫落，形成急性潰瘍，一般均發生在出血點表面，大小不等，這些要與生前就有潰瘍的患者加以區分。其他消化道，如十二指腸、空腸、迴腸及結腸也會發生同樣性質的出血或潰瘍。其他內臟器官也會不同程度的出血，如肺部會出現水腫、氣腫，可見點狀的出血，稍擠壓肺切面會溢出鮮紅色血性液體和泡沫，氣管內有淡粉紅色血泡沫。胰腺也會出血，出現類似急性胰腺炎的症狀。腹腔神經節和周圍結締組織也會充血出血，甚至腰大肌的肌間也會出血。

有些法醫當然不會滿足這些肉眼觀察，還要拿組織切片在光學顯微鏡下觀察：看心臟切片的時候，會發現心肌細胞由於水腫或冰晶而被分離，肌纖維斷裂。心肌細胞內可見大小不等的空泡，有點像植物細胞裡頭的液泡，細胞核膜皺縮。心肌間質也有水腫，微血管內皮細胞腫脹。竇房結（SA node）和房室結（A-V node）的心肌傳導細胞明顯腫脹，整體而言，就是

大部分地方都腫脹！如果還不滿意，那就要用到電子顯微鏡了，這時候你會看到：心肌細胞核膜破裂，染色質濃縮。心肌間質微血管內皮細胞腫脹且連結破壞。血管周圍絮狀物堆積。心肌細胞膜下，可見大量的輕度腫脹的粒線體肝臟切片也會在光學顯微鏡下出現類似的情況：細胞腫脹，出現空泡。不同的是部分肝細胞胞漿呈顆粒狀，細胞核大，核質疏鬆，細胞間質輕度瘀血。再放到電子顯微鏡下，就會發現：包括粒線體在內的細胞微器官明顯減少，粒線體輕度腫脹。神經細胞也會出現類似的腫脹：神經細胞軸突、樹突腫脹，細胞周圍空隙增大。神經細胞還有核質疏鬆、核仁可見的現象。

有了顯微鏡下的微觀探索，法醫還是不滿足，一些法醫專家還從生物化學角度有了一些新發現：凍死的人血糖會比健康人高。健康人血糖平均值為 84.9mg/dL；凍死屍體血糖平均值為 144.21mg/dL；不管是活人死人，男女血糖無明顯差異。凍死屍體血糖明顯升高，大致有兩方面因素：體溫過低會導致胰島素產生下降，引起高血糖。有研究顯示，人體體溫在 29 ～ 31℃時，即使注射足量的胰島素，外來的胰島素作用也會大打折扣，讓那人依舊擔當持久性高血糖，看來凍得厲害也能引起糖尿病啊。另外，雖然人類不會冬眠，但是體溫過低時糖代謝也會下降，組織也沒有那麼需要葡萄糖了，所以糖分都存到血液裡，導致高血糖。在體溫持續保持在過低（27℃～ 28℃）平均值時，血糖升高更明顯。有人推測是寒冷使人體內的相關催化酶抑制（前頭也講過酶，它們必須在合適的溫度才能發揮最

佳狀態），從而引起血糖升高。血糖明顯升高也是凍死屍體的佐證之一。左右心室的血氧含量也有很大差別，但是動脈血紅素和二氧化碳的含量無顯著性差異。非凍死屍體死亡前機體仍存在外呼吸和細胞呼吸，所以非凍死屍體左右心室血液和動靜脈血液的動脈血紅素和二氧化碳含量有顯著性差異。弄不清什麼意思的讀者，你就記住兩邊血液成分有差異就好。有研究認為，人的半致死溫度是 27℃，如果體溫繼續下降，體循環的血流就慢慢停滯，血液與組織、細胞間的氣體交換也基本停止，所以才會出現左右心室血液的某些化學成分含量無顯著差異，這也是低溫條件下凍死屍體所具有的特點。另外一個要注意的特徵就是酸中毒了。人體溫度過低的時候，會出現酸鹼不平衡，導致酸中毒，具體的原因是人體在低溫環境中為了保溫，肌肉加強活動，透過無氧呼吸產生乳酸，乳酸過多不能分解排出；除此之外，低溫導致的血液循環障礙也讓組織無法無氧呼吸，產生乳酸。除了乳酸，碳酸也是致命的，由於呼吸中樞活動被低溫抑制，二氧化碳排出減少，所以也產生了呼吸性的碳酸中毒。這些酸讓血紅素的活性下降，進一步降低血液的酸鹼度，形成惡性循環。

熱死

花了這麼長的篇幅說完了凍死相關的知識，是不是覺得目前凍死是最可怕的了？其實哪種死亡都很可怕，下面我們就來介紹一下和凍死相對應的另一個極端——熱死。熱死比凍死更

常見，每年夏天都會有相關的報導，某某地區又熱死多少人，仔細想想也不奇怪，冬天你穿厚一點就不怕冷了，可是夏天就算你吃著冰淇淋裸奔，在太陽下還是會熱得受不了啊！

生活中常見中暑，是指人長時間暴露在高溫環境中，或在大熱天進行高強度體力活動，引起的機體體溫調節功能紊亂，有一系列相應的不良反應，主要以高溫、皮膚乾燥以及中樞神經系統症狀為特徵。如果是體溫超過 40℃的嚴重中暑，病死率為 41.7%；若超過 42℃，別看就差一度，病死率幾乎會翻一倍，為 81.3%，再往上升一度多，43.1℃就是人中暑死亡的體溫臨界線了。面對中暑這樣一度之差帶來的龐大傷害，被凍傷的似乎都要偷笑了。雖然熱死的人沒有凍死的人外觀變化那麼大，但是我們之前提過，生物體內的催化酶在經過低溫階段後恢復適宜溫度還能再重新投入工作，可是經過高溫洗禮後就澈底玩完了。所以從這個角度來說，高溫對人的傷害比低溫更大。

在結構非常複雜的人腦中，有個部位叫下視丘，是負責調解體溫的地方（當然下視丘身兼數職，其他功能我們不必多說，總之非常重要）。正常情況下，下視丘會讓人的體溫維持在 37℃以下。人體就像一個燃燒葡萄糖和脂肪的火爐，各種代謝活動和運動都會產熱，多餘的熱量借助皮膚血管擴張、血流加速、排汗、呼吸、排泄（沒錯，撒尿打冷戰就是排除熱量的緣故）等功能，透過輻射、傳導、對流、蒸發（出汗不算蒸發）方式散發。如果外界環境比較溼熱，尤其是體弱或經歷軍

訓這樣的重體力勞動時，再加上穿得不透氣等原因導致散熱障礙，則容易發生中暑。

中暑也是分階段的，在先兆（aura）階段，人已經在高溫環境下待了一段時間，開始出現乏力、多汗、口渴、頭痛、頭暈、眼花、耳鳴、噁心、胸悶等不良反應，這時候體溫還是正常的，頂多略高於 37℃。剛才我們提到過，體溫高一度都是不得了的事情，這個略高可不能略過一個攝氏度，如果超過38℃，那麼就屬於輕度中暑了，會在先兆症狀的基礎上，出現注意力渙散、動作不協調、面色潮紅、皮膚灼熱的表現，甚至還有脈搏增快；當然也有些會走相反的方向，面色蒼白、血壓下降、皮膚溼冷等，這些都是早期周圍循環衰竭表現。如果再繼續晒下去，那就會變成重度中暑了，除了剛才那些症狀，還要加上熱痙攣（heat cramps）、腹痛、熱昏厥（heat syncope）、昏迷、虛脫或休克等。

在這裡有必要解釋一下熱痙攣的概念，熱痙攣多發生在大量出汗和口渴之後，大量飲水導致血液中鹽濃度快速降低，這類中暑發生時肌肉會突然出現陣發性的痙攣的疼痛，一般出現在活動中或活動後，通常發生在下肢背面的肌肉群（小腿肚的腓腸肌和靠下的跟腱），也可能發生在腹部，熱痙攣也常常是熱中暑的早期症狀。與熱痙攣齊名、並稱為重度中暑三大病的還有熱衰竭（heat exhaustion）和熱中暑（heat stroke）。熱衰竭常常發生於老年人及一時未能適應高溫的人和在炎熱環境中工作或者運動而沒有補充足夠水分的人中，這些人由於大量出

汗導致體內鹽分和水分丟失，出現頭暈、頭痛、大汗、極度口渴、噁心嘔吐、皮膚溼冷、血壓下降、全身乏力、暈厥或神志模糊等。這些人還會有明顯的脫水表現：心跳加速、低血壓或暈厥，但是無明顯中樞神經系統損傷表現。熱衰竭可以是熱痙攣和熱中暑的過渡期，如果不及時治療，會發展為熱中暑。

　　大咖總是最後登場的，熱中暑到底是什麼？預告了半天終於要正式露面了！熱中暑是一種致命性的急性中暑症狀，平均死亡率高達 60%，50 歲以上的患者死亡率高達 80%，具體死亡率與體溫升高的程度和持續時間密切相關。熱中暑是臨床表現最嚴重、死亡率最高的中暑，通常發生在高溫高溼的夏季。其成因是高溫引起的體溫調節功能失調，體內熱量過度積蓄，從而引發神經器官受損，不理解的讀者，想想茶壺在水沒燒的情況下是怎麼燒壞的。熱中暑以高體溫和意識障礙為特徵，發病前往往有頭痛、眩暈和乏力。這時候你的內臟已經開始受影響了，受害順序依次為腦、肝、腎和心臟，全都是要命的地方。由於人這種動物直立行走，腦袋在最上頭（很多四足動物最高的是肩部），還長著一片保暖性非常好的頭髮，當直接暴露在烈日的光芒下，本身就是一個大核反應堆的太陽會用熱力穿透頭皮和頭骨引起腦細胞受損，進而造成腦組織的充血、水腫——這些當然會引起劇烈頭痛、噁心嘔吐、煩躁不安，腦子這個司令部一垮台，昏迷抽搐之類的就接踵而至了。其他的熱中暑早期症狀還有大量冷汗後變得無汗、呼吸淺快、脈搏細速等，逐漸向昏迷伴四肢抽搐發展，嚴重者會產生腦水腫、肺水

腫、心力衰竭等。根據發病時患者的狀態和發病機制，臨床上把熱中暑分為兩種，運動型和非運動型中暑。運動型中暑主要是在高溫環境下大量運動，內源性產熱過多而散熱不足，到最後自己把自己熱壞了；非運動型主要是在高溫環境下，身體比較差的人產生了體溫調節功能障礙，引起散熱減少，最後被晒得倒下。

　　兩種熱中暑的屍檢結果也是不一樣的。運動型中暑的患者多在高溫、高溼度和無風天氣進行重體力工作或劇烈運動時發病，患者大多是平時身強力壯的年輕人，所以大家在熱天一定不要拚命。患者在劇烈運動或工作後數小時發病，約 50% 患者會大量出汗，心率會顯著提高，達到 160 ～ 180 次／分，脈壓也隨之增大。這些還不是真正可怕的，根據相關檢查，這類患者可發生橫紋肌溶解、急性腎衰竭、肝衰竭、瀰漫性血管內凝血或多器官功能衰竭，病死率較高。非運動型中暑患者大多是居住擁擠和通風不良的都市老年體衰居民，有時候還包括一些可憐的病人，他們常常患有精神分裂症、帕金森氏病、慢性酒精中毒及偏癱（hemiplegia）或截癱（paraplegia），總之就是生活有些無法自理。從外表上看，他們表現為皮膚乾熱和發紅，84% ～ 100% 病例無汗，可是外冷內熱，直腸溫度常在41℃以上，最高可達 46.5℃，這種體溫當然是活不成了。病初表現行為異常或癲癇發作，繼而出現幻覺、昏迷和瞳孔對稱縮小，嚴重者出現低血壓、休克、心律失常和心力衰竭。而當你解剖非運動型患者的遺體時，會發現肺水腫和腦水腫，約 5%

病例發生急性腎衰竭，有輕、中度瀰漫性血管內凝血，常在發病後 24 小時左右死亡。當對熱中暑患者進行更深入的生化檢驗時，還會發現其血液成分會大大變化——如高鉀、高鈣，白血球計數增多，血小板計數減少，肌酸酐（creatinine）、尿素氮（BUN）、丙氨酸轉移酶（GPT）、乳酸脫氫酶（LDH）、肌酸激酶（CK）等成分增高。因為熱中暑的患者有體溫升高、暈厥或神志改變等特點，所以還需要排除其他疾病或食物中毒、化學中毒等。

人會得熱中暑，不僅僅是因為人體處於大氣溫度升高（＞32℃）、溼度較大（＞60%）和無風的環境中，還有可能是因為此人過度肥胖、穿太厚或者溼度太大不方便散熱（沒錯，蒸桑拿本身就是很危險的事情，不是人人都適合），還有些人是化學原因，如甲狀腺功能亢進或者苯丙胺等藥物的作用導致體內發熱。魏晉時期流行一種叫五石散的藥方，用鐘乳石、石硫黃、白石英、紫石英、赤石脂研磨後製成，吃下去後會讓人渾身發熱，甚至會影響到神志，但是對人體危害太大，唐朝以後就不怎麼有人吃了，其致死原理推測有熱中暑的一份功勞。還有些人更可憐，他們是患了多發性硬化症、先天性汗腺缺乏症的人；大面積皮膚燒傷後，疤痕也會阻礙排汗。日本的《神劍闖江湖》中的大反派「志志雄真實」就是渾身被燒傷，導致汗腺損壞，最後和男主角大戰十五分鐘，自己把自己熱死了。

得了熱中暑的人，即使命大沒死，想要恢復身體也是一個漫長的過程，影響預後的因素主要與神經系統、肝、腎和肌肉

損傷程度及血乳酸濃度有關。如果是昏迷超過六到八小時的病患，預後效果會不太好。剛才說過，人的體溫是不能長時間維持高溫的，體溫最先恢復正常後，大腦功能通常也可很快恢復，但有患者也可遺留大腦功能障礙，也就是俗話說的大腦燒壞了。另外，輕或中度肝、腎衰竭病例可以完全恢復；對於那些運動型中暑的，會出現嚴重肌肉損傷，持續數月出於肌無力的狀態。所以當聽說哪個同事或同學中暑之後，好幾個月無法來上班上課，也不要奇怪，這在科學上是完全可能的。

溺水死亡

還有一種來自大自然的死法更加常見，也更加複雜，那就是溺死。自殺，他殺，意外死亡均可以透過這種方法。所以說大家平時沒事少跳到河裡玩，雖說「上善若水，厚德載物」，但是「淹死會水的」往往也是一個不爭的事實。根據世界衛生組織統計，溺水是全球意外死亡的一個重要原因，溺水主要人群年齡偏小，往往不超過 20 歲。國外大樣本統計溺水死亡率為 9% ～ 12%。溺水對人體造成的改變中，最嚴重的是低氧表現，常常是水進入肺部導致的非心因性肺水腫（acute respiratory distress syndrome，縮寫為 ARDS，又稱為急性呼吸窘迫症候群）引起，同時也會直接導致嚴重腦缺氧。

我們先來看那些溺水者的體表特點：由於水流衝擊作用和與石頭、橋墩、打撈工具等碰撞，淹死的人常常有死後損傷。如果河裡有食肉的水生動物，還會出現動物造成的多種傷痕。

一般只是擦傷，邊緣不整齊，其皮下及肌肉可能有出血，但只是不凝固的血液浸染而沒有血腫，血液往往沿著皮下擴散，與周圍組織界限不清楚。在一部分溺水案件中，屍體的頸部肌肉也會出血，這不是因為他被人傷害，而是因為落水後劇烈掙扎，一般都是伸著脖子，肌肉發生強烈的收縮和痙攣，造成肌組織間的血管斷裂出血。同時，在溺水過程中，由於肌體組織嚴重缺氧，使血管的脆性增加，在此基礎上更易造成肌肉組織的出血。如果解剖死者肌肉，會發現其他部位的骨骼肌也有出血。骨骼肌出血一般面積較大，以大片狀及條狀為主，部位多在深層肌組織，出血界限與周圍組織界限不清，邊緣呈雲霧狀，出血部位中間重，其切面紅褐相間，呈「虎斑狀」，有時出血量較多時會形成血腫。而奇怪的是，同一部位淺層肌組織卻無出血。

溺水的屍體還有幾個比較特殊的特點。如果是在江河湖海中淹死的，屍體內通常含有大量的單細胞藻類，不僅肺部會有，很多器官中都會有，在肺部脹破之後，全身的許多血管中也會含有藻類。比如矽藻就是常見且容易鑑別的一種藻類。藻類的出現可以判定死者是被活活淹死的，而不是死後落水。溺水的人還會出現代謝性酸中毒、低氧血症、血紅素尿症等。呼吸道、胃腸道、泌尿生殖道也會有出血。重度急性吸入性和化學性肺炎也是很常見的。部分死者還有急性大腦出血、心肺抑制和溶血等。另外，某些即使平時沒有血栓症的人，在屍檢中也會發現血栓病變，以肝、脾、肺、腎上腺和中樞神經系統的

病變最為嚴重。有些觀點認為溶血、低氧血症、低血壓和嚴重酸中毒都會誘發血栓出現。

溺水案件非常複雜，所以屍檢這時候尤其重要。如果屍體上有明顯的外力損傷，如鈍器傷、勒傷等，可以考慮他殺；如果體內有毒物，也要考慮他殺；當死者沒有自主行動能力，如年幼、癱瘓、昏迷等，儘管體表無傷，體內無毒，那也要考慮是否有他殺可能。除了腐敗的浮屍外，一般入水不久的屍體，常有較清晰的現場可見，要認真注意現場環境，還要注意中心現場與周圍現場之遺物是否有矛盾。

史上最厲害的懲罰者——上帝傷害人的方法還有很多，在此就不一一列舉了，雖然我真的還想再講一些其他的自然災害，但接下來我們會來些更刺激的內容，或許在你的生命中更為常見。沒時間解釋了，快上車，讓我們進入一個古風濃郁的世界！

雷雨天盡量不要
戴手錶、項鍊、戒指等
貼著皮膚的金屬物品，
以免意外燙傷。

有天線的電器也要及時去掉天線。

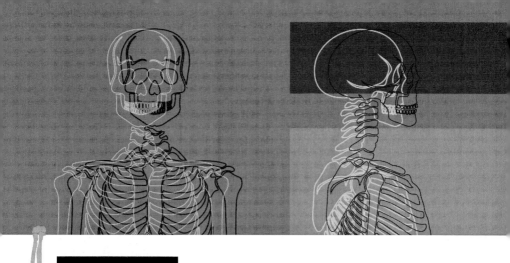

第四篇、
不能亂講，也不要亂吃
——中毒鑑定

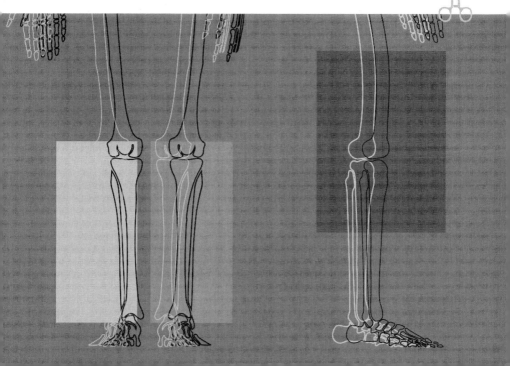

神農氏：啊，草、草有毒！

　　在很久很久以前，有一位部落首領非常神奇。他不但腦袋上長了兩個似牛角的包，還有張透明的肚皮。他還非常有植物學的天賦，三歲就會種莊稼（《淮南子》記載其「三歲知稼穡之宜」，不過也可以理解為花了三年腦力激盪種植技術），長大之後更是成了一名勇於探索的無敵吃貨，發誓要嘗遍世間所有的植物，來確定它們對人體的作用。這位老伯就是中華元祖之一的神農氏，又被稱之為炎帝。由於他的肚子是透明的，所以任何東西吃下去之後，都能看到它們怎麼在肚子裡產生作用。有一次他亂吃東西，一天中毒七十幾次，後來偶然發現一種很可愛的翠綠色小樹葉，便抱著死馬當活馬醫的心態，把這個小樹葉吃了。沒想到小樹葉進入他體內之後，橫掃體內一切毒物，把他的體內檢查了一遍，所以他用「察」的發音，將那種綠色小樹葉命名為「茶」。不過，後來神農氏還是由於多次亂吃不明植物，身體越來越差，最後終於用斷腸草把自己毒死了。遺憾的是，由於他還沒來得及喫茶葉就死在茶樹下，所以也不知道茶葉 PK 斷腸草會有什麼效果。

　　對於這個在神州大地廣為流傳的故事，大家不用過於認真——肚皮像玻璃魚一樣透明還是有可能的，但是心肝肺腸胃不可能也是透明的（如果都這樣，那人看上去就是一個紅通通的大血袋），而且能看到食物對於五臟六腑的影響，這視力怎

麼說也是分子級別的了，就算眼力這麼好，你能看清楚體內這麼多血管怎麼運送化學物質？所以整個故事過於玄幻，不可認真，否則法醫看看人的肚子就知道內臟出現什麼了。

雖然茶葉解毒的效果在故事中有點浮誇，但是很多植物的毒性倒是沒得說；世界上至少有兩千多種有毒植物，東亞至少有一千種，亂吃的話隨時都有生命危險，現在明白為什麼貝爾在荒野求生時一般都吃動物了吧？現在，請大家盯著法醫的解剖刀，看他們一個個割開中毒者的胃部，與那些有毒的東西來個近距離接觸。

由於有毒的植物實在是不勝枚舉，那麼我們就只能介紹幾種比較有名或常見的。既然剛才提到了斷腸草，我們就先從它開始講解吧。毒死神農氏的斷腸草，雖然並不能讓人的腸子真的斷裂，但是毒性確實不容小視，中國古代著名醫書如《神農本草經》、《本草綱目》等都將其列為不可食用的劇毒草藥。斷腸草的學名叫做鉤吻，別名有野葛、胡蔓藤、爛腸草、朝陽草、大茶藥、大茶藤、荷班藥等，屬於馬錢科的常綠藤本植物，分布在中國長江以南的大部分省份。馬錢科的植物大部分都有毒，知名的除了鉤吻，還有醉魚草、馬錢子等，這些植物如果不慎入口，輕者腹痛，重者要命，鉤吻就是其中的佼佼者，整棵植物從頭到腳都有劇毒，根部和嫩芽尤其多。鉤吻之所以有毒，是因為其中含有多種鉤吻素，這是一大堆結構類似的劇毒生物鹼的統稱。一般類似化學物質如果要細分，都用甲乙丙丁，如甲烷、乙烷、丙烷、丁烷等，可是鉤吻素不但有甲

乙丙丁戊，還有十二生肖中的子丑寅卯辰，這麼複雜的一個家族軍團，入侵人體後當然也很難救治。鉤吻鹼主要的作用是抑制神經活動，服用後會出現消化道有燒灼感、眼瞼下垂、垂頭、腳軟、身體發抖、全身肌肉虛弱等症狀，並伴隨語言含糊、視野重影、上吐下瀉、腹疼難忍等，最終由於呼吸中樞等重要的神經系統受到抑制，在中毒四到七小時後死於呼吸麻痺，最可怕的是，在這些過程中你的意識是清醒的。屍檢結果會發現胃黏膜充血腫脹，並出現散點狀出血，其他臟器也會出現瘀血。有時候鉤吻會被當做涼茶一類的草藥混入火鍋中，也曾出現誤食造成的中毒死亡事件。

　　鉤吻毒素是一大群毒素的合集，其中最具毒性的是鉤吻素乙，對動物的最小致死劑量是：大鼠 0.1 ～ 0.12mg/kg（皮下注射），兔子 0.05 ～ 0.06mg/kg（靜脈注射），狗 0.05 ～ 0.10mg/kg（靜脈注射）。而鉤吻素子如果注射到另一種以「子」為代號的動物體內（小鼠），半數致死量為 30.6mg/kg，主要中毒症狀是呼吸抑制和驚厥，到後來全身僵直並伴有劇烈抽搐，一兩個小時便會死於呼吸麻痺，可怕的是，小鼠死後心臟仍可持續跳動三十秒至一分鐘，腦子死了心臟還能跳一陣，這在毒藥當中也算是少見。解剖被毒死的小鼠後可以發現，鉤吻素子的含量以心臟、肺和腎最高，血中含量相對較低，肝、胰腺、肌肉和膀胱的含量居於中等，胃、脾和睪丸含量最低；如果藥劑不夠小鼠沒死，則毒素分布的分布情況會反過來，這說明鉤吻素子在體內有從血液豐富的臟器（心、肺、腎）向血液不豐富的

器官（胃、脾和睪丸）代謝的趨勢。最後需要說明的是鉤吻鹼很難溶於水，但是能溶於苯、氯仿、乙醚、乙醇和丙酮，所以日常生活中，專業投毒的兇手會用鉤吻的根部泡酒製造出殺人毒藥，效果立竿見影。

既然鉤吻不能吃，那作為外用藥，是不是就百分之百安全呢？其實也不是，不能內服的毒藥如果外用，一旦不夠專業，也有致死的風險，莫札特就是用水銀治療梅毒而死。國外就發生過用鉤吻和黃牛尿熬湯外擦治療溼疹的案例，結果那個不幸的患者在擦完皮膚後，不但溼疹沒有好，還覺得頭暈、頭痛、全身不適、有窒息感。接著流涎、噁心、腹痛；身體震顫、眼皮下垂、瞳孔散大、視物模糊；發音無力、語言含糊，但意識清晰；最後患者出現煩躁不安，兩眼直視，陣發性痙攣性抽搐，呼吸不規則，約經二十分鐘後昏迷而死亡。這位好像死得比口服鉤吻的那些人還快，為什麼呢？因為江湖郎中讓他用了整整一斤（500g）的鉤吻。由於當地比較偏僻，所以死後十二天法醫才再次開棺檢驗：屍體已高度腐敗，顏面腫脹，口呈喇叭狀，全身皮膚暗褐色，呈皮革樣化。頸項部、胸鎖關節處、腋窩、胭窩周圍、腹股溝等處有圓形或橢圓形表皮剝脫及殘存之痂皮。解剖後發現胸腹腔內各有暗紅色液體 50mL，腔內臟器位置正常，腸子也沒發生什麼變化。尿液中的氨可以作為溶劑溶解鉤吻鹼，再透過皮膚表面的微血管滲入體內，這位溼疹患者就不幸中毒了。

值得注意的是，斷腸草是很多劇毒草藥共有的稱呼，鉤吻

只不過是其中出鏡率最高和應用最廣泛的，其他也被稱為斷腸草的植物包括：黃堇、紫堇、紫花魚燈草、白屈菜（這四個都是罌粟科的植物）、草烏頭、醉馬草、山羊拗等，但是由於知名度沒有鉤吻高，名字也取的實在不怎麼樣，所以在此讓它們作為龍套演員，領了便當就趕緊走。

其實，不管是什麼植物中毒，只要吃進嘴裡，胃部殘存的內容就一定是破案的關鍵。下面我們再介紹另一種可以適當口服的「著名」有毒植物，之所以打上引號，是因為名稱「紅」，自己卻不「紅」。這種植物叫做洋金花，聽起來有點像上個年代鄉下女孩的名字，由於分布十分廣泛，和鉤吻差不多一樣分布在長江以南的大部分省份，所以也落下了很多別名，如醉心花、狗核桃、毛蘋果、山茄子、大喇叭花、鳳茄花、風茄花、胡茄花、楓茄花、萬桃花、鬧羊花、野麻子、洋大麻子花、虎茄花、酒醉花……是不是全部帶著濃濃的鄉村愛情風？不過它也有個洋氣的印度名字，叫曼陀羅，那些文人還稱之為「惡客」。這麼多名字報下來，你是不是一個也不熟？不過這種植物做出的藥物真的非常有名，蒙、汗、藥！

洋金花是茄科曼陀羅屬的植物，含有洋金花總鹼，包括東莨菪（發音是「浪蕩」）鹼和莨菪鹼等，有極強的麻醉性，在中醫裡有止咳平喘、鎮定的作用。傳說華佗的麻沸散也是以它為主要成分的，但不要羨慕，它只是個傳說，在現代醫學家看來，僅僅口服麻醉劑，很難保證病人不會醒來，這樣手術是無法進行的，就算順利切除了壞死的器官，沒有供氧的管子，沒

有止血的措施，患者也很難活過來。現在再厲害的外科手術權威也不敢一個人替病人動手術，總要帶幾個助手，不知道獨來獨往的華佗當時是怎麼動手術的。不過那些開黑店的就不管那麼多了，只管往酒肉裡加蒙汗藥，「麻翻了多少江湖好漢」！

　　洋金花既然有麻醉作用，那麼也會和酒精一樣，劑量大了就會中毒甚至要命。如果不小心吃了這種植物，中毒量為種子 2 ～ 30 粒，果實 1/4 ～ 20 枚，乾花 1 ～ 30g，肌內注射為每日 6mg，也就是一不小心就會超過的量。有人拿狗做實驗，發現最小致死量為 80mg/kg。由於民間有時候會用它治療支氣管哮喘、慢性喘息性支氣管炎、胃痛、牙痛、風溼痛、損傷疼痛等，所以洋金花造成的醫療事故還不少。洋金花口服後，經小腸迅速吸收，毒素傳遞到全身，形成急性中毒，一般服後半小時至一小時，快者可於十分鐘後出現症狀，所以蒙汗藥的作用可以說是立竿見影，當然，也有人身強力壯內功深厚（或者僅僅是由於體重超標），在數小時甚至十幾個小時後才遲遲發作。洋金花中毒可分為輕、中、重三度，其中輕度中毒有顏面潮紅、嘴唇發麻、吞嚥苦難、心率增快、躁動不安、瞳孔散大等。中度中毒即在輕度中毒的基礎上併發尿瀦留（膀胱憋著尿但是排不出來）、嗜睡、腱反射減弱，一般劫財劫色的都用藥酒把人麻醉到這個程度，就能下手了。重度中毒除具有中度中毒的表現外，還有呼吸不規則、淺昏迷、腱反射消失、血壓下降、大小便失禁、嘔吐，甚則抽搐、頸強直，最後呼吸、循環衰竭死亡。

洋金花之所以這麼毒，其主要原理是對中樞神經先興奮後抑制。它可抑制腺體分泌，導致唾液減少，口乾舌燥，皮膚乾燥；使血管舒縮中樞興奮，以致血管擴張、皮膚潮紅；使瞳孔神經末梢麻痺，致瞳孔散大，光反應遲鈍；先興奮後麻痺迷走神經致心動過速；刺激中樞神經產生譫妄、煩躁、昏迷等；興奮呼吸中樞、體溫調節中樞致發燒、呼吸急促；刺激脊髓反射功能致抽搐與痙攣……一切的一切都是興奮加抑制神經造成的，所以嚴重中毒時，人的腦幹麻痺，無法呼吸，最終導致死亡。屍檢結果可見腦水腫等症狀。

毒蘑菇也是讓人中毒的常見食材，雖然它們嚴格來說不算植物，屬於大型真菌，《植物大戰殭屍2》中就曾經因為蘑菇不算植物把它們全部封殺了，但後來因為人氣太高又不得不全解禁，用它們的毒素來對付殭屍。蘑菇雖然不是植物，但它們有細胞壁，和植物也很相像，平時也被歸類為蔬菜，某些早期分類學家也把它們歸為菌類植物，所以也放在這裡一起說了。

毒蘑菇的作用想必大家都有耳聞，有的能讓殭屍吃下去後攻擊同伴，有的能放出毒氣攻擊殭屍……讓我們從遊戲中走出來，看看法醫專家怎麼看待毒蘑菇（毒蕈）。毒蘑菇幾乎分布在世界各地，種類也非常多。根據不完全統計，世界上約有兩百多種毒蕈，這些蘑菇當中已知的毒素有一百五十多種，一種毒蘑菇可含有多種毒素，一種毒素也可存在於多種毒蘑菇中，因此毒蘑菇引起的臨床表現各異。一般情況下，毒蘑菇的毒素成分為含有數個胺基酸的多肽，不了解這個概念的讀者就當成

是和蛋白質結構類似但是要簡單一些的物質吧，蛋白質一般是大分子，而多肽是可以組成蛋白質的中分子物質。毒蘑菇中的主要毒素有毒蕈鹼、類阿托品（atropine-like）樣毒素、溶血毒素、神經毒素、肝毒素等，根據臨床表現可分為胃腸類型、神經精神型、溶血型、中毒性肝炎型（肝腎損害型），其中以中毒性肝炎型最為嚴重，另外一個深入人心的謠言會讓人認為，顏色不鮮豔的野蘑菇是安全的，可事實就是這麼殘酷，我們並不能根據顏色的鮮豔程度來判斷其是否有毒。其實顏色鮮豔的蘑菇也有沒毒的，顏色單調的蘑菇也可以有毒，主要還是與它在分類學的地位（相當於蘑菇江湖的門派吧）有關。其中，毒蕈屬的蘑菇則是死亡率最高的，在 7.8% ～ 48% 之間。有些人會說，聽起來比斷腸草、蒙汗藥什麼的低多了呀？呵呵，你要是知道吃完後的症狀，就不會再嘴饞了。

毒蘑菇家族中，毒傘屬的蘑菇曝光率最高，最喜歡搞破壞，雖然稱不上是第一劇毒的蘑菇，但是 95% 被蘑菇毒死的人都是被它們殺死的。毒傘屬蘑菇中含有毒傘毒和鬼筆傘毒兩大類毒素，前者又分六種毒素，後者又分五種。這十一種毒素的基本區別主要是化學結構上有異。這些毒素均為致肝毒，輕者引起中毒性肝炎，重者導致急性肝壞死。但是這兩大類毒素的攻擊部位還是有點區別的：毒傘毒對腎臟、心臟和橫紋肌也有破壞作用，其對腎損傷主要呈腎病樣改變，讓腎小管細胞混濁腫脹直至壞死，臨床上會引起急性腎功衰竭；而鬼筆傘毒只作用於肝。毒傘毒雖然比鬼筆傘毒的毒性強二十倍，能作用於

細胞核，讓肝細胞澈底壞死，但是作用相對遲緩，吃了之後通常會有 15 ～ 30 小時的潛伏期，這階段通常是安全的，沒有任何症狀，頂多懷念一下那些味道不錯的蘑菇。70% 的人會在吃下毒蘑菇後 24 小時內發作，然後就會進入腸胃炎期，由於蘑菇被腸胃吸收，多多少少會有一些上吐下瀉的反應，但是大多不嚴重，一般人也不太當回事，個別嚴重的會以為自己得了霍亂，腹瀉到最後拉出來的都是水，常在一天內自癒。腹瀉也不是毒傘毒造成的，而是蘑菇中的其他成分，接下來毒傘毒素就開始撩起袖子認真工作了，人進入「假癒期」，此時外觀上也沒什麼症狀，頂多有些乏力或者食慾下降，但實際上毒素已經開始侵入肝臟細胞甚至腎臟細胞了。肝臟是體內恢復能力最強的器官，如果毒素劑量不夠，輕度中毒患者的肝損害不會太嚴重，可由此進入恢復期。如果毒素太多的話，中毒後兩三天就進入內臟損害期了，肝臟會有肝功能轉變、黃疸、轉氨酶升高、肝腫大、出血傾向等症狀，重者出現急性肝壞死，同時腦、心、腎等器官會有損害；如果沒撐過這一階段，死後屍檢常會發現肝臟顯著縮小，切面呈檳榔狀，肝細胞大片壞死，肝細胞索支架塌陷，肝小葉結構破壞，肝竇擴張，星狀細胞增生或有肝細胞脂肪性變等，下次大家買豬肝牛肝羊肝的時候也可以注意觀察一下，看看有沒有這些症狀。少數患者在死前會出現心律紊亂、少尿、尿閉等表現，還可能出現急性腎衰竭。如果這人真的特別身強力壯，這個階段也熬過去了，那麼毒素就開始攻擊中樞神經，進入精神症狀期，這時候部分病人呈煩躁不安或淡漠嗜睡（兩個極端都有可能是中毒的表現），甚至昏

迷驚厥。少部分人會出現精神失常，不顧場合的哭笑、歌唱或胡說八道，和《哆啦 A 夢》裡頭的胖虎差不多，但是數日後會安定下來。如果毒藥持續得夠久，最終會和很多毒藥的效果一樣，中毒者因呼吸、循環中樞抑制而死。經過了上述五個階段還沒死的人，一般都是經過白衣天使積極搶救的，在兩三個星期後進入恢復期，各種症狀逐漸消失，肝功能也逐漸好轉，四到六週的時候基本就沒事了。不過也別完全掉以輕心，毒素也會在你體內產生「餘震」，少數患者會在潛伏期後一到二日突然死亡，可能為中毒性心肌炎或中毒性腦炎等所致。

由於蘑菇家族成員實在太多，而且相似的個體也特別多，每年還會出現很多新發現的物種，所以即使是菌類專家，也不敢在野外見到一種蘑菇就斷言它到底屬於哪一種，所以在野外碰見蘑菇的時候，一定不要亂吃。

還有一些毒蘑菇含有神經毒素，如含有毒蕈鹼的毒蠅傘、毛鏽傘和杯傘屬等，潛伏期在一至六小時之間，發病時除了表現出腸胃炎的症狀外，還有神經系統紊亂帶來的副作用：如多汗、流涎、流淚、脈搏緩慢、瞳孔縮小等，少數病情嚴重者會有譫妄、幻覺、呼吸抑制等表現，個別病例可能因此死亡。除了這些對神經損害很大的蘑菇外，還有些蘑菇神經毒性比較輕，如角鱗次傘菌及臭黃菇等，除了引起腸胃炎症狀外，還有頭暈、精神錯亂、昏睡等症狀。即使不治療，一到兩天亦可康復，死亡率甚不高。還有含致幻劑的牛肝蕈等，除腸胃炎等症狀外，多有幻覺（看誰都好像很矮小，又叫小人國

幻視 Lilliputian hallucination）、譫妄等症狀。部分病例有迫害妄想等類似精神分裂症的表現，經過適當治療也可康復，死亡率亦低。光蓋傘和花褶傘等蘑菇，吃了以後也會刺激人的神經系統，就像聽了抖音洗腦神曲一樣，不受控制的跳舞、唱歌或大聲狂笑。有些比較落後地區的原始部落族人沒事還會把這那含有輕型神經毒劑的蘑菇吃著玩，尤其是進行封建迷信的巫術活動時。

鹿花蕈等蘑菇被誤食後，經過六到十二小時的潛伏期，會引起溶血症狀，如貧血、肝脾腫大等，個別人還有血紅素尿。此型中毒對中樞神經系統亦有影響，會有頭痛等症狀。病後三到四天發現黃疸的症狀。雖然看起來很可怕，但給予腎上腺皮質激素及輸血等治療多可康復，死亡率不高。

還有會引起腸胃炎的墨汁鬼傘、毒紅菇等，潛伏期從半小時到六小時不等，發病時表現為噁心、嘔吐、劇烈腹瀉、腹痛等，這類中毒基本都能自我恢復，很少會致人死亡，誤食這種毒蘑菇，真可以算是生活中的小確幸了。

野外有這麼多有毒的植物，那麼吃動物呢？

野味不能亂吃

看了上一章，大家想必都明白了一個道理，植物不能隨便亂吃，雖然它們不會大戰殭屍，卻可能會把你變成真的殭屍。那麼，吃動物就一定安全嗎？當然不是，有毒的動物雖然不多，但是一樣可能致命。

拋去動物本身患病、有細菌或寄生蟲之外，真正體內有毒的動物並不多。提起吃了會讓人中毒的動物，大部分人大概都會一下子想到河豚或者蟾蜍，不過這兩種東西在臺灣還不算太常見——河豚是非常名貴的食品，必須由專業廚師烹製，只有在高級餐廳才能吃到，一般老百姓恐怕無緣。蟾蜍也並不是都有毒，近年來也因為水汙染等原因，越來越少，再說蟾蜍的毒素主要集中在皮膚的腺體中，有幾個人能做到吃蟾蜍不剝皮呢？所以我們這一章第一個出場的並不是這兩位水生界的明星，而是一種不太起眼的蟲子。

這種叫做斑蝥的甲蟲，別名花斑毛、斑貓、芫青、花殼蟲、章瓦、黃豆蟲、西班牙蒼蠅等，主產於中國河南、廣西、安徽、江蘇、湖南、貴州、新疆等地區，分布上算是相當廣泛了。不管是亞洲還是歐美，都有用斑蝥作為藥物的記載。不過中醫一般用牠來治療皮膚病，而歐洲經常用牠做催情藥的成分。斑蝥喜歡熱鬧，常居於忍冬科和木犀科的植物之上，如果你去挑逗牠們，牠們就能分泌一種氣味辛辣的黃色液體，當中含有 5% 的斑蝥素（芫青素）。這種物質可是有劇毒的，成人口服 0.6g 能導致中毒，致命劑量為 1.5g。但也有些倒楣蛋被 30mg 斑蝥素毒死。有人拿小鼠做實驗，在血管中注射斑蝥素

7.5 ～ 10mg，連用十天，會致心肌纖維、肝細胞和腎小管上皮細胞混濁腫脹，肺脾瘀血或小範圍出血。其對皮膚黏膜及胃腸道均有較強的刺激作用。最大的受害者還是腎臟，斑蝥素被吸收後，最終由腎臟排泄，會刺激尿道，出現腎炎及膀胱炎症狀，甚至導致急性腎功能衰竭，如果僅僅是微量內服，也能出現血尿。除此之外，斑蝥素對皮膚的刺激也非常強烈，會引起皮膚起泡。

兒童有時候也會不小心吃下蟲子而被毒死。這種死者口唇發紫，唇、舌及口腔頰部、食道黏膜、胃黏膜都出現糜爛。剖開體內會發現胸腔腹腔都有血性積液。呼吸系統中，支氣管上皮脫落，肺部擠壓時會出現紅色泡沫，肺泡壁加寬，血管擴張。腎小管廣泛性壞死，腎中有淤血。肝臟處也有瘀血。最慘的是心臟，心肌出現斷裂，心肌間出現水腫，某些大血管內皮細胞脫落，形成微血栓。中毒者的腦膜血管也會充血，最後的死因是重要器官衰竭。

古方當中有用斑蝥治療狂犬病的說法，有人就曾經用黃酒配斑蝥吃，沒想到馬上就出現嘔吐鮮血、感覺惡寒、體溫身高、腹痛、腹瀉、尿頻、尿道有燒灼感並逐漸加重，最終搶救無效死亡，死者表情痛苦，有急性腸炎的併發症。之前我們已經說過，狂犬病一旦發病，死亡率百分之百，所以目前偏方裡治療狂犬病的方子都不怎麼可靠，反而會要人命，所以平時大家千萬別看到古書或民間偏方中有什麼藥用動植物就隨便吃，還是去醫院檢查比較保險。

　　不過，斑蝥畢竟是昆蟲，不是誰都能接受把牠們吃下肚子的。我們還是說說更容易被接受的蟾蜍吧。其實蟾蜍這個概念本身就有些模糊，這種動物也沒有我們想像中那麼常見。老百姓通常會以為虎紋蛙就是有毒的蛤蟆。虎紋蛙是亞洲常見的蛙類動物，牠的外表酷似蟾蜍（癩蛤蟆），但是沒有毒性。這可能是一種用於保護自己的擬態，即長成危險動物的樣子，來防止敵人的侵害。早在南北朝時期，醫學家陶弘景就已經在他的作品中澄清了這一分類學上的錯誤，可是並未改變大家將牠們混同的局面，甚至至今仍有些人依舊把青蛙、雨蛙、樹蛙、蟾蜍等全部混為一談（雖然這些動物都是屬於兩棲綱無尾目，但是並不是同一科，無尾目大約有 45 個不同的科，種類十分豐富），覺得身上有疙瘩的蛙類都有毒。真正的蟾蜍毒素存在於蟾蜍皮膚的腺體中，中醫稱為蟾酥，其中最大的一對腺體，名叫耳後腺，裡頭包含的蟾酥最多。蟾酥是白色液體，風乾後會變成黑色，可以降低人的心率，所以大量攝取提純的蟾蜍毒素會致劇烈嘔吐、腹痛、腹瀉、心律失常、房室傳導阻滯，甚至心跳停止而死。很多中藥店都有黑色的蟾酥片，有興趣的讀者可以去看看。但是蟾蜍只有在受到強烈刺激的時候，才會將分泌的蟾酥擠出體表，黏在其他動物的五官上，引起口舌腫痛、暫時失明等，但是劑量一般不會致命，毒性也沒有民間傳說中那麼大。蛤蟆隔一段時間會蛻去表皮，然後把自己的舊皮吃掉，所以在野外很難見到蟾酥；人工養殖的蛤蟆，大多是在自己蛻皮之前，由工人拿著棉籤事先幫牠們刮去舊皮。

至於金庸在《天龍八部》裡提到的莽牯朱蛤，在現實中是不存在的。但是，某些外國蟾蜍（如臭名昭著的入侵物種甘蔗蟾蜍，又名美洲巨蟾蜍，皮膚紅褐色）的毒性較強，可以毒死鱷魚、蛇或者其他動物，也有毒死人類的先例。牠們的耳後腺有硬幣大小，噴出的毒液可以引起劇痛、發炎和暫時失明。南美洲的亞馬遜地區還有箭毒蛙之類毒性驚人的特色品種，和華人傳統文化所定義的五毒中的蛤蟆並不是一回事。

　　不過，萬一真的碰到被蟾蜍毒死的受害者，法醫們會給出什麼樣的鑑定報告呢？雖然蟾蜍的毒素主要集中在表皮，但是食用蟾蜍的肌肉、殘存肢爪、肝臟、卵巢、卵子，蝌蚪等，都可能引起中毒。蟾蜍的分泌液（也就是蟾酥）是一種具有強心作用的固醇混合物，中毒機理主要是興奮神經和直接作用於心肌引起心律失常，還會刺激胃腸道催吐、引起局部麻醉等。在服食後半小時到兩小時內，就會出現中毒反應，主要表現為消化系統及呼吸循環、神經等系統症狀，也就是說大部分的重要器官都會吃不消。經過解剖發現，其病理變化主要表現為心肌腫脹、肌纖維斷裂、心腦血管擴張充血並見有局部出血，肺水腫明顯，雙肺有散點狀出血；肝、脾、腎等呈顯著充血，這些出血充血的症狀是毒劑引發的急性循環衰竭伴發的血管通透性增加（血管就像絲襪，可以理解為絲襪的網眼變大了，血就更容易滲漏出來了）密切相關。鼻腔可能會流出血性液體或草綠色混濁液體，嘴唇和指甲都變成紫紺色。如果剖開消化道，還能看見草綠色水樣或蛋花樣混濁液體、胃黏膜充血出血等，肛

門附近有草綠色蛋花樣遺便。這是由於毒素破壞消化道黏膜並使消化道動力失調導致的。那些嘔吐物與血液、胃酸及膽汁混合後，使嘔吐物和排泄物呈草綠或黑綠色。當然我們剛才說的是喝了蟾蜍煲的湯之後的效果，也有活吞蟾蜍被毒死的案例，屍檢結果略有不同：該患者眼結膜出血，胃內有汙灰色液體，胃黏膜斑點狀出血；氣管和支氣管內有少量白色泡沫；腦部重度水腫，腦溝變淺。其他心肝肺腎的損害情況和之前我們介紹的大同小異。

蟾蜍的毒性看上去很厲害對不對？有研究顯示：對於不同的注射方法，蟾酥半數致死劑量為 41.0mg/kg（靜脈注射），96.6mg/kg（皮下注射），36.24mg/kg（腹腔注射）。也就是說，你的體重乘以相對應的數值，就知道多少蟾酥能讓你的生還機率只有五成。例如一群體重都是 50kg 的人，每人只需要 2.05g 就能讓一半人都死翹翹，想想也是滿可怕的。但是強中自有強中手，還有一種遇到敵人的時候也愛把自己鼓起來的、看似呆萌的水生動物，其毒性更大，牠就是河豚。

河豚其實應該被叫做河魨，只不過前面這個名字實在是太形象了，誰叫牠被捕的時候會脹成一個球，還會發出類似豬叫的聲音呢。不過牠也不是純粹生活在河裡，海裡也有很多，但是總不能叫海豚吧。不同地區的人們替牠取了不同的名字，如氣泡魚、吹肚魚、氣鼓魚、乖魚、雞抱、龜魚、街魚、蠟頭、艇馬鮫魚等，足見其分布之廣泛。河豚歷朝歷代都是美食家交口稱讚的對象，蘇東坡就有冒死吃河豚的「先進事跡」。河豚

的毒素主要集中在卵巢、肝臟、眼睛、血液中，肌肉和腸胃、魚皮、魚骨等是微毒或無毒的，所以在製作河豚料理的時候一定要注意摘除關鍵臟器和放乾淨血。不同種類的河豚體內毒素分布不同，同種河豚不同季節的毒性也不同，一般晚春初夏懷卵的河豚毒性最大。河豚魚卵經過長達一年甚至幾年的複雜化學處理，可以做成供食用的魚子醬。最美味的還是河豚的精巢（俗稱魚白、腹膏），可以烤熟後加鹽食用，被文人雅士稱之為「西施乳」，據說鮮香甘醇，滑嫩爽口，《天津縣誌》記載其「味為海錯（各類海鮮）之冠」。

河豚毒素存在於河豚和某些蠑螈、蟾蜍的體內，毒性比大名鼎鼎的氰化物強 1,250 倍，只要 0.0005g 河豚毒素便足以使 1kg 重的小狗死亡，人食用後一旦中毒，毒性發作很快，且一般很難搶救──但是好消息是，河魨毒素在人體內解毒和排泄較快，如果你身體夠好，撐過八個小時，大多能恢復。河豚毒的潛伏期為半小時至三小時，由於一般都是吃河豚導致的中毒，所以會先出現消化道症狀，如噁心、嘔吐、腹瀉、腹痛；繼而出現感覺和運動功能障礙，口唇、舌尖、肢端及全身麻木、肢體無力、四肢發冷。在海裡經常會看到一群海豚頂著河豚打球賽，而且樂此不疲，很多科學家就認為微量的河豚毒進了海豚的嘴裡，讓牠們感到麻麻的，就像吸毒一樣。人類可就沒那麼幸運了，神經系統被入侵後，會出現眼瞼下垂、聲音嘶啞，還有血壓下降、言語不清、口唇發紫等，重者會出現呼吸困難、心律失常及傳導阻滯、昏迷；最後出現呼吸和循環衰

竭，死在餐桌邊。

不過，河豚體內的毒素並不純淨，要把它提純，還是1950、1960 年代才有的技術，純的河豚毒晶體被稱為 TTX，對熱不穩定，但是一般的日晒也奈何不了它。TTX 可溶於弱酸的水溶液，但在鹼性溶液中易分解，但是鹽醃和一般的烹調方法都不太能消滅它們，所以河豚魚乾也有可能讓人中毒。TTX 是目前最強的非蛋白質毒素之一，對人的致死量是 6 ～ 7μg/kg，老鼠甚至還表現得比人好一點，最小致死量是 8μg/kg，而且致死率非常高。不過一般人不會拿純的河豚毒去殺人，因為這種物質殺菌能力極強，在不超過致死劑量時，對於很多疾病都有奇效，還有超過嗎啡的止痛效果且不會成癮，所以國際上一克 TTX 就能賣到十幾萬美元。河豚毒之所以這麼狂，最關鍵的是它能有效阻止鈉離子的傳遞，侵入神經系統後，阻斷了丘腦和下視丘對人體的控制，最終使腦電波完全紊亂。除此之外，法醫經過屍檢，還發現中毒者兩肺胸膜下有點狀出血、肺水腫，細支氣管痙攣；口唇、指（趾）甲明顯發紫；胃及腸道平滑肌麻痺、脹氣，胃黏膜出血；其他還有心肌壞死、腦水腫等，和之前提到的蟾酥中毒有點類似。

不過，現在已經人工培育出無毒的河豚，這些吃起來就不會那麼提心吊膽了，真乃吃貨界的福音。不能吃的有毒動物還有很多，大部分是低等動物，如某些種類的毛毛蟲、海蛞蝓、蛇鯖、海星等；還有些動物自己不生產毒素，只做大自然的搬運工，透過吃有毒植物來在體內堆積毒素，如刺尾魚、西加

魚、石房蛤等，尤其是刺尾魚毒素（MTX），強度比河豚毒高兩百倍，一毫克就能毒死一百萬隻老鼠，其主要作用是增加心肌膜的鈣離子流動導致心律衰竭。由於這些毒素的知名度不高，常人遇到的機率不大，研究的人也相對較少，所以我們在此一筆帶過。

當然，還有些動物雖然被稱為毒物，卻是可以下鍋的美味，儘管安心食用，比如蛇、蠍子、水母、海膽等。每當講到這個話題的時候，就會有人驚訝的說「那些東西不是有毒嗎？怎麼能吃！我讀書少你不要騙我！」我還算是讀書人，每到這時候都忍不住科普一下，同時感嘆一下老祖宗造「毒」這個詞的時候不太講究。英語中，毒可以分為 poison 和 vemon，前者是你吃了之後會中毒，後者是注射到體內會讓你中毒，區別就是牙印在對方身上還是在你身上。之前我們介紹的各種有毒植物和斑蝥、蟾蜍、河豚等，都是 poison 的範疇；而那些會攻擊人類的有毒動物，牠們的毒通通屬於 vemon。這類動物毒腺很多都是消化腺變成的，而且一般都是攻擊自己要吃下去的獵物，自己體內是沒毒的，否則牠們不是要自己把自己毒死了嗎？所以這些動物的毒一般進了消化道就失效了。不過那些有 poison 的動物，如果直接把毒素注射到你的血管中，你會死得更快，畢竟從消化道吸收進入血管要隔一段時間。從個體層面來說，蟾蜍毒是穩定的小分子，消化液奈何不了它；而蛇毒蠍毒等都是蛋白質，進入消化道後，你胃裡的蛋白酶就會把它們分解了，除非你有胃潰瘍，要不然根本不用擔心。這並不是說

那些毒液殺手沒有危害，下面，我們就來認識一下那些帶有毒牙、毒刺的可怕攻擊者。

橫行江湖的「五毒」天團！

　　要說東亞最有名的毒蟲團隊，那就是五毒了。牠們分別是：蜈蚣、蛇、蠍子、壁虎和蟾蜍。五毒對華人文化的影響可以說是源遠流長，在戰國時期，人們就有端午節灑石灰、雄黃酒來驅趕五毒的習俗，有些地方還會做繡著五毒的枕頭，剪五毒形狀的窗花，雕刻五毒形狀的木窗欞等。熱愛美食的華人還嫌不夠，江蘇中部以韭菜、金針菜、木耳、銀魚、蝦米炒在一起，象徵五種毒蟲，稱為炒五毒；山東人則把辣椒、蔥、薑、蒜、香菜五種有刺激的東西混合一起炒，也叫炒五毒。有些地方還會吃炸三角（當地稱為炸蟲爪），用以嚇唬和「詛咒」五毒。

　　不過，這個所謂的最強毒蟲天團當中卻有一些蒙冤的。我們可以確信壁虎是五毒門中的安全分子。壁虎，雅稱守宮、蝘蜓、檐龍，俗稱蠍虎、爬牆虎、巴壁蜥等，是一種臺灣十分常見的小蜥蜴。古人認為，壁虎尿有毒，噴在皮膚上會搔癢、起泡。但是，飼養壁虎作為藥材的藥農都知道，壁虎尿沾在手上

並不會造成任何不良反應，這只是一種民間傳說，最早可能是某些尿液過敏的人得出結論，這種人碰到誰的尿都會起不良反應，這個鍋不該讓壁虎來背。如今的科學分析也表示，壁虎尿和其他動物的尿並沒有很大區別，也是以尿素為主，就像早期南美洲的印第安人認為番茄是有毒的水果一樣，是一種未經驗證的錯誤印象。有人還用稀釋的壁虎尿液養魚，也沒有發生魚類中毒的現象。壁虎肉更是無毒，有人拿壁虎肉餵養其他動物，不論是鳥類還是哺乳動物都未曾中毒。在日本的伊賀和櫪木地區，碳烤壁虎更是一道讓當地名利雙收的特色菜。

剛才說了壁虎是一種小蜥蜴，那是不是古人把其他蜥蜴和壁虎弄混了呢？我們翻遍蜥蜴家族，也只有毒蜥科毒蜥屬的兩種蜥蜴有毒，牠們分別是希拉大毒蜥和珠毒蜥，都分布在美洲，古中國人是不可能見到牠們的。而且牠們雖然與壁虎同屬於蜥蜴目，但是身形龐大（體長 0.5 ～ 1m）肥碩，行動緩慢，一點也沒有壁虎攀牆的靈巧樣子，寬大的口和扁扁的腦袋反而使牠們看上去像娃娃魚一類的動物。與毒蛇不同的是，牠們的毒牙長在下顎。這兩種毒蜥的毒牙比較小，毒性也不強，只能毒死老鼠、小鳥之類的小型動物，並不能對人類造成致命傷害。因此，即使讓壁虎這位遠房表親加入五毒門，也有點名不副實。有人說壁虎的尾巴斷了會爬到人的耳朵裡把耳膜鑽破，這就更無從說起了，別說一條沒腦子的尾巴，就算是有腦子的小蟲，鑽到人耳朵裡也不是一件容易的事情，再說尾巴鑽耳朵和「毒」有什麼關係？鑑於壁虎是實實在在的冒牌貨，所以很

多近現代武俠小說中提到苗疆五毒教的時候，都不好意思把壁虎寫進去，而用蜘蛛來代替壁虎。不過臺灣的蜘蛛大部分也都是特別袖珍的小生靈，根本不致命，像黑寡婦、捕鳥蛛之類的怪物級別蜘蛛都不是臺灣原產，只要你別放蕩不羈把牠當寵物養在家裡，基本不會被牠咬到。

　蜈蚣歷來被奉為五毒之首，以秒殺獵物而著名，連《西遊記》裡頭都把蜈蚣精設定為少數幾個團滅取經小組妖精之一。很多小蟲碰到蜈蚣的毒牙，就會立即斃命。可是蜈蚣的體型通常較小，有些甚至小到連人的皮膚都咬不破，分泌的毒液量也少得可憐，無法對人體構成實際上的威脅。一般來說，蜈蚣越大，毒性就越強，但相比於毒蛇和大型的蜘蛛、蠍子，蜈蚣的毒腺明顯較小，毒液劑量也只能殺死較小的動物。即使是東南亞的巨人蜈蚣（身長可達到十幾公分），咬人後也很難使人死亡，只會在螫傷局部出現紅腫、灼痛；同時產生淋巴管炎，但被咬者的全身反應會較輕，出現畏寒、發燒、頭痛、噁心、嘔吐、脈搏增快、譫語及抽搐等。另外，一種類似蜈蚣的動物——馬陸，也經常被人誤認為是蜈蚣（不同的是馬陸的軀幹是圓筒形，蜈蚣是扁的），其實馬陸只能分泌一種有臭味的微毒黏液。可是在傳統文化中，這兩種動物都被稱為千足蟲，被認為是同一類動物。臺灣的蠍子基本也都是體型比較嬌小，通常也無法置人於死地。由於種類很多，蠍毒的最小致死量的差別也很大，但被蠍子螫傷後的反應幾乎都是一樣的，主要表現為局部灼痛，過敏、紅腫和瘀斑；瞳孔散大，眼球震顫，唾液

分泌過多，吞嚥困難和躁動等中樞神經系統、自主神經系統症狀；被刺傷的皮肉有時候會壞死，偶爾表現出呼吸和心臟衰竭，甚至死亡，但蠍毒的半衰期很短，也就是說，毒素在體內代謝很快，即使不搶救，很多人也能撐過去。比起蠍毒殺人，現在的學術界彷彿更關注蠍毒救人的相關事宜，一搜文獻幾乎都是蠍毒的藥用價值。說句題外話，古人的分類學在今人眼中有時是很奇葩的，比如認為熊和猩猩是類似的動物，為很多根本不是昆蟲的動物命名時也加上了蟲字旁，還有的乾脆把包括人在內的一切動物都稱之為蟲。

　　五毒當中最引人注目的是蛇，蛇雖然大部分是無毒的，但是毒蛇的種類和牠們的毒素種類都讓人難以忽視，根據不完全統計，全世界有三千種蛇，毒蛇大概有 15%，也就是四百五十種，和其他毒蟲比起來，毒蛇的體型明顯要大出好幾個數量級，最大的眼鏡王蛇甚至有 6m 長，可以吃掉某些蟒蛇。臺灣也有六大毒蛇，分別是雨傘節、赤尾青竹絲、眼鏡蛇（就是脖子能膨脹成一個大圓餅的那種）、鎖鏈蛇、龜殼花、百步蛇。其他著名亞洲毒蛇還有金環蛇、銀環蛇、竹葉青、海蛇、蝰蛇、蝮蛇、眼鏡王蛇（和眼鏡蛇不是同一種，脖子膨脹後是長方形的）等，我們在此就只拿其中臭名昭著的蝮蛇舉例吧！由於數量最多，分布最廣，所以自然也就傷人最多，包括原矛頭蝮、白眉蝮、尖吻蝮等。《三國志》中曾經記載「古人有言，蝮蛇螫手，壯士解其腕」，可見其毒性。和其他大部分毒蛇一樣，蝮蛇的咬傷部位通常在上下肢上，被咬傷的病人除局部出

現腫脹、疼痛外，常併發畏寒、視力下降、眼瞼下垂、頸項有牽引感，當然更重要的是引起呼吸困難如屏氣、點頭狀或魚口樣呼吸等，呼吸麻痺是早期死亡的主要原因。

之所以會出現上述症狀，是由於蝮蛇的毒液當中含有神經毒素，可作用於自主神經系統，抑制神經傳遞物傳遞，就像剪斷了人體機器上的重要電線一樣。神經紊亂後，會刺激腎上腺髓質中的神經受體，釋放腎上腺素，使血壓升高；毒素也會使腸胃道平滑肌興奮性先增高，而後轉向抑制，發生腸麻痺；毒素還會影響腦幹的血管運動中樞和呼吸中樞，導致休克和中樞性呼吸衰竭。同時，蝮蛇毒液中含有破壞血液循環的作用，不僅直接破壞血紅血球，還會直接作用於心臟，所以單純的人工呼吸並不能延長動物的存活時間。臨床病人也常出現面色蒼白、多汗、心率加速、四肢發冷、血壓下降等嚴重中毒性休克症狀。屍檢結果顯示，中毒者心肌出血、心肌纖維斷裂，這通常是最主要的死因。由於休克、溶血及對各臟器的直接損害，被蝮蛇咬的人會發生酸中毒、急性腎功能衰竭等，嚴重咬傷病人常出現醬油色尿以及蛋白尿、血尿等。除了神經毒素、血循環毒素和混合毒素之外，還有一種細胞毒素，主要攻擊肌肉細胞，在海蛇中比較常見。

至此，五毒都被我們說了一遍，除了五毒之外，蜂類也是常見的毒蟲（比五毒常見多了），而且分布範圍廣，只要溫度不是太低，幾乎天天都可以看見，而且可怕的是這類昆蟲愛湊熱鬧又會飛！不過，既然這麼可怕，為什麼沒有入選五毒呢？

因為蜂類的毒性和毒液量都比較小，單一的蜂，即使是世界上最毒的蜂，也是毒不死人的（過敏者可能會出現例外），集群作戰的人還想混跡五毒門當大俠？就像桃谷六仙雖然殺傷力驚人，但是組團開打，畢竟不是江湖兒女學習的對象，哪次高手排行榜中都輪不著他們。生活中最常見的蜂是蜜蜂，牠們一般群居，身形嬌小，胖瘦適中。一個蜂巢有一個能繁殖的蜂后，還有一些除了提供精子沒什麼用的雄蜂，占蜂群數量最多的是工蜂，牠們都是蜂后的女兒，只不過沒有生育能力，而且最多只能活半年。蜜蜂的腹部末端有一個帶倒鉤的毒針，平時縮在體內，蜇人時就會伸出來，刺入人皮膚後無法即時拔出，毒腺就會把腸子扯出來，蜜蜂也就跟著「GG」了。

蜜蜂的毒素是酸性的，一般蜇人之後會出現局部紅腫，數小時後會恢復正常，如果刺留在體內，則有可能化膿。蜂毒的中占比重最大的是蜂毒溶血肽（簡稱蜂毒肽），是一種擁有很大藥用價值的化合物，甚至還有一種奇葩的蜂刺療法用來治療關節炎，其實這並不是胡來，蜂毒肽是迄今為止人類所知的抗炎活性最強的物質之一，但是又有較小的心臟毒性。由於其特殊的自殺性襲擊和較小的毒性，一般蜜蜂不會蜇人致死，當然也有能殺人的類別，牠們就是由非洲野蜂和巴西蜜蜂雜交而成的一種特殊蜜蜂——殺人蜂（非洲化蜜蜂）。殺人蜂雖然是1950年代偶然產生的，但是繁殖能力極強，據不完全統計，全世界已經有十億隻，主要分布在美洲大陸。在短短的半個世紀中，殺人蜂已經殺死一千多人，遠遠超過毒蛇、蠍子、毒蜘

蛛等其他毒蟲殺人數量的總和。其實殺人蜂和一般蜜蜂的毒性差不多，只不過一般蜜蜂脾氣比較好，蜇人的時候也就三四十隻一起出動，而殺人蜂卻是動輒三四千隻發起猛攻，而且飛行距離非常遠，能追殺目標 24 小時以上，即使你躲到水裡，牠們也能在旁邊等待一兩個小時。剛才我們提到，蜂毒肽是一種溶血性心臟毒素，還能讓血管收縮，並破壞細胞膜，半數致死量為 4mg/kg，受害者在被蜇以後，通常全身上下都出現紅腫，普遍出現頭痛、噁心、嘔吐、發燒、腹瀉、氣喘、氣急、呼吸困難等諸多症狀，以致肌肉痙攣，昏迷不醒，嚴重者出現溶血、急性腎功能衰竭，最終導致死亡。殺人蜂雖然殺傷力強，但脾氣大本事也大，產蜜量非常高，對於蜂農來說，穿個防護服就萬事大吉了。

可是如果遇到胡蜂，性質就不一樣了。胡蜂和蜜蜂並不是同一科動物，食性和蜜蜂也不同，大部分是吃肉的。胡蜂家族包括我們通常說的虎頭蜂、黃蜂等，牠們的毒素是鹼性的，而且毒刺上不帶倒鉤，可以重複使用，平時大部分作用是刺傷自己的獵物，刺傷其他大型動物也是不會猶豫的。胡蜂毒素很複雜，由多種蛋白質、多肽、酶組成，有致溶血、出血的作用，還會侵害神經系統，它還會隨著體內循環，在人體內部搞破壞，損害心肌、腎小管和腎小球，尤易損害腎小管。在被胡蜂蜇後，人受蜇皮膚立刻紅腫、疼痛，甚至出現瘀點和皮膚壞死；眼睛被蜇時疼痛劇烈，流淚，紅腫，可能發生角膜潰瘍甚至失明。胡蜂比蜜蜂罕見得多，一般來說，人一次只會被一兩

隻胡蜂攻擊，所以關於胡蜂毒素致死的毒素量的記載比較少，一般來說五百到一千隻胡蜂蜇人會導致死亡。如果運氣不好真的碰見這麼一大群，中毒量比較大時，全身症狀有頭暈、頭痛、嘔吐、腹痛、腹瀉、煩躁不安、血壓升高等，體內的酸鹼平衡也被打破，電解質也出現紊亂。以上症狀一般在數小時或數天內消失；嚴重者會有嗜睡、全身水腫、少尿、昏迷、溶血、心肌炎、肝炎、急性腎功能衰竭和休克，伴有肝臟損害者會有黃疸和肝功能異常。中樞及周圍神經發生脫髓鞘病變者則會出現肌肉無力或周圍神經炎，最終導致死亡。部分對蜂毒過敏者會產生蕁麻疹、過敏性休克等。還有些蜂毒含有前列腺素，能作用於細胞壁而導致細胞死亡，還能攻擊自由的多型性淋巴細胞、促發炎症等。

胡蜂也根據危險程度按照顏色劃分為幾個等級，最安全的是綠色，不會主動攻擊人類，黃色等級的胡蜂危險係數較低，基本能與人和平相處（就是普遍被我們稱為馬蜂的那一類），而橙色的危險係數就相對高了，必須及時處理。那麼，不算胡蜂的殺人蜂要標注什麼顏色呢？呵呵，當然是最能表示警戒的紅色了。除此之外，還有很多其他的有毒動物，水母、海葵、藍圈章魚、海膽甚至不起眼的雞心螺（cone snail）等，都會釋放致命的毒素。

腐敗的食物還是扔了吧

　　西元前 486 年（也有的典籍記載是其他年分），佛祖釋迦牟尼去世，享壽 80 歲，死因是食物中毒。什麼？堂堂佛祖死於食物中毒？是的，在佛教典籍《長阿含經》和《大般涅槃經》中都有記載，佛祖帶領徒弟巡遊講學，遇到有個名叫窮達（又譯為純陀）的鐵匠供奉的檀樹上的木耳，當時人們認為這是很珍貴的食物，佛祖一個人吃了一部分，腹痛難忍，讓其他人不要吃這個木耳，把剩下的都埋了，最後拉血痢疾而圓寂。原來鮮木耳當中含有一種名為「卟啉（porphyrin）」的感光性化學物質，進入人體之後會引起一種被太陽一晒就皮膚搔癢發炎的病，這是卟啉破壞細胞的反應，從古籍中看，佛祖當時吃了很多木耳，大量的卟啉類物質進入人體後，曝光部位的皮膚會出現紅斑、水腫、丘疹，嚴重的會出現水泡。還有一小部分人可能會出現頭痛、頭昏、發燒、噁心、嘔吐、腹瀉、便血甚至呼吸困難之類的中毒症狀。佛祖當時已經是 80 歲的老人了，印度的光照也十分充足，如果他本身再有一些過敏體質，那被新鮮木耳毒死就不稀罕了。一般來說，我們平時吃的木耳都是晒乾後再泡發的，這樣就不會中毒了。但是，另一種更常見的木耳卻能讓大人小孩都進入加護病房搶救——那就是泡得太久的木耳！

　　相比於新鮮木耳中毒，泡得久的木耳中毒簡直可以說是屢

見不鮮了，有很多人在把木耳泡上之後，過了兩三天才想起來要吃，這時候木耳已經被細菌或真菌入侵，出現變質、有異味、糟爛等現象了，但是有些人往往捨不得扔，就把這些木耳下鍋做菜，結果導致腹瀉、噁心等不良反應，嚴重的會出現多重器官衰竭。在所有出現在腐敗食物上的微生物中，黃麴毒素可以說是榜上有名的了。黃麴黴是一種腐生真菌，存在於土壤、各種糧食、堅果、乳製品、食用油中。黃麴黴當中含有黃麴毒素，這是一組化學物質的合稱，細分的話有 12 種，用 b1，b2，g1，g2 等代號標註。其中毒性最強的 b1，半數致死量為 0.36mg/kg，毒性是氰化鉀的十倍（經常看《名偵探柯南》的同學對這個杏仁味的劇毒藥品肯定不陌生），是砒霜的六十八倍（早知如此潘金蓮買什麼砒霜啊，弄些發霉的花生給武大郎吃了就好——不過宋朝時還沒有花生，弄些發霉的稻米總可以吧），1988 年就被國際腫瘤研究機構列為人類致癌物。歐盟規定，1kg 的人類日常生活消費品當中，黃麴毒素含量不能超過 0.05μg。

黃麴毒素最主要的攻擊部位是肝臟，會讓中毒者出現肝炎、肝硬化、肝壞死等；急性中毒者臨床表現有胃部不適、食慾減退、噁心、嘔吐、腹脹及肝區觸痛等；嚴重者兩到三週內會出現肝脾腫大、腹腔積液、下肢水腫、黃疸、血尿等症狀，也可能出現心臟擴大、肺水腫等，更嚴重的就是昏迷甚至抽搐而死。屍檢結果可以發現，中毒者肝細胞核腫脹、脂肪變性、出血、壞死及膽管上皮、纖維組織增生；同時腎臟也有可能受

損害，主要表現為腎曲小管上皮細胞變性、壞死等。但是古人肯定不會知道這麼多個體層面的知識。試想一下，如果武大郎是被黃麴黴毒死的，那麼武松就沒有藉口殺死潘金蓮，就不會被發配後逼上梁山，就不會日後招安擒方臘，整個《水滸傳》和《金瓶梅》或許就要改寫……扯遠了，還是回來說黃麴黴。黃麴毒素是目前發現的最強的致癌物質，主要誘使動物發生肝癌，也能誘發胃癌、腎癌、大腸癌及乳腺、卵巢、小腸等部位的癌症，作為慢性殺人藥來看是個不錯的選擇。

在現實中，食物中毒致死大多是意外事件，因為用它來謀殺運氣成分太大，如果兇手也一起吃飯恐怕也會有危險。黃麴黴最喜歡汙染花生、玉米、稻米等，在肉類當中出現較少，但別以為吃肉就不怕食物中毒了，恰恰相反，吃腐敗的肉往往更要命。

我們再緬懷一下另一位偉大的歷史人物——唐朝大曆五年（西元 770 年），詩聖杜甫一家被洪水困於一葉小舟上，往返於湖南境內的衡陽、耒陽、郴州等地，一連五天沒吃飯，耒陽縣令送來很多牛肉，杜甫吃後不久就去世了，享年 59 歲。

按照新舊唐書的說法，杜甫有可能是撐死的，在吃牛肉一天後就去世了，但是另有些證據表示杜甫接受牛肉後還輾轉長沙、岳陽等地，最後在去岳陽的路上才死的。如果是這樣，那他最有可能是因捨不得扔掉剩下的牛肉，最後食物中毒而死。牛肉等肉類食物中含有豐富的脂肪和蛋白質，很容易受到細菌

和真菌的青睞，在其中大量繁殖，並產生毒素。常見的有沙門氏菌、葡萄球菌、變形桿菌等，其中毒性最大的是肉毒桿菌，又叫臘腸桿菌。

提起肉毒桿菌的名字，大家想必都如雷貫耳，美容專家經常將肉毒桿菌毒素用在化妝品中。肉毒桿菌毒素在所有細菌毒素，哦不，在所有已知的毒素中都是毒性最強的，純淨的肉毒桿菌，1mg 就能毒死兩億隻小白鼠，對於人類來說半數致死量為 0.1 ～ 1.0ng/kg，1ng 相當於 0.001μg，1g 毒素就能毒死一百萬人，可以想像其毒性有多大了吧？肉毒桿菌毒素主要的作用是抑制神經傳遞，當人食入含肉毒毒素的食物後，潛伏期從六小時到十二天不等，一般三四天後出現臨床症狀，病初頭痛、頭昏、眩暈、乏力、噁心、嘔吐，然後就會呈現明顯的神經紊亂症狀，如視力模糊、眼瞼下垂、瞳孔散大、語言障礙、吞嚥困難、呼吸困難等，由於頸肌無力，頭會向前傾或傾向一側，這時候一定要告訴身邊的人自己不是在賣萌，而是有了生命危險。由於這種毒素會讓植物神經末梢先興奮一下後抑制，故淚腺、汗腺及唾液腺等會先分泌增多而後減少；血壓先正常而後升高；脈搏先慢後快；還常伴有便祕、腹脹、尿瀦留等。最可怕的是，中毒者在整個過程中神志清楚，感覺正常，不發燒。如果不及時搶救，繼續惡化下去會由於呼吸肌麻痺引起呼吸功能衰竭而死亡，重症者的死亡率在 30% ～ 60% 之間。屍檢結果可以發現，中毒者的腦及腦膜顯著充血、水腫，並有廣泛的點狀出血和血栓形成，顯微鏡下可見神經節細胞變性，腦幹神

經核也會受損。

值得注意的是，肉毒桿菌本身是無害的，它分泌的毒素才致命，少量的肉毒桿菌進入腸道後，由於那裡早就被其他菌群占據，所以肉毒桿菌無用武之地。腸道菌群尚未形成的小嬰兒可就慘了，一歲以下的孩子們最容易成為肉毒桿菌的犧牲品，很多嬰兒猝死的元兇就是它。鑑於肉毒桿菌可以大量繁殖，曾經一度被作為生化武器。

肉毒桿菌分布於土壤、動物糞便中，可借助食品、農作物、水果、海產品、昆蟲、禽類等傳播，由於它是厭氧菌，所以最喜歡在罐頭、醃製食品、香腸中寄宿。如果縣令當年送給杜甫的是醃肉（按照湖南人的飲食習慣大有可能），那麼杜甫死於食物中毒的機率就很大了。由於肉毒桿菌毒素有抑制神經傳遞的功能，因此醫學界把它應用於停止面部神經抽搐，除此之外，它還有除皺、治療斜視、偏頭痛等功能，不過醫用的肉毒桿菌毒素劑量都很小，一般僅僅注射幾十個單位。那我要是被醫生用這種藥殺了呢？我只能說，醫生手裡那麼多種藥，想殺你的辦法多得是，為什麼要讓你注射這麼貴的？

還有一位據說也是死在吃上的名人也很吸引大家注意。民國十六年二月二十六日（西元 1927 年 3 月 29 日），剛剛 70 歲的康有為在同鄉家裡（有的資料顯示這位同鄉是開餐廳的，叫英記酒樓）飽餐了一頓非常道地的粵菜，之後還喝了一杯柳橙汁，誰知回家後便嘔吐不止，根據日本醫生說是食物中毒。康

大師夜觀天象後，說自己壽命已盡，七竅流血，暴斃而亡，康有為的死因至今還疑雲密布，甚至有人認為是慈禧派出的殺手追殺其二十多年，大清亡國後還鍥而不捨，最終投毒成功。這場神祕的死亡事件，到底是道德的淪喪，還是讓人性的扭曲？不論如何，那杯柳橙汁都會讓人不由得想起一個流傳廣泛的說法──「蝦和維他命 C 一同吃，會生成砒霜」。

　　該說法的理論依據是，蝦肉中有濃度較高的五鉀砷化合物，這種物質食入體內，本身對體並無毒害作用。但在服用具有還原性的維他命 C 之後，由於化學作用，使原來無毒的五價砷轉變為有毒的三價砷，以三氧化二砷的形式存在，這就是我們俗稱的砒霜。這觀點看上去沒毛病，其實海洋動物體內的砷元素主要以有機物砷甜菜鹼的形式出現，通常占可提取砷的 80%，濃度為 $1 \sim 300\mu g/L$，可是砷甜菜鹼並沒有作用於人的毒性，基本可以原封不動排出體外，倒是有研究發現可以它可以促進小雞的生長。其他的無機砷化合物確實以三價砷為主，但是對比剛才提到的那個濃度──「拋開劑量談傷害，都是耍流氓」，人要是想靠吃蝦而死於砷中毒，恐怕要吃一兩百公斤蝦肉和十幾瓶維他命 C，還沒吃完你就先撐死了。有人說，砷可以集聚在人體內，時間久了就會慢性中毒，拿破崙不就是這麼死的嗎？可是大家別忘了，維他命 C 是極不穩定的物質，溫度稍微高一點就會分解，也無法在人體內累積，所以希望大家理性用餐，不要相信謠言，要不那些賣檸檬大蝦的西餐廳還開不開了？

　　那麼，康先生到底是怎麼死的呢？由於時間過去太久，已經無法考證，如果是投毒的話，國民黨、日本人、清朝遺老都有嫌疑，但考慮到康老師年事已高，不久之前貌似還做過一次瘋狂的手術，導致身體情況不佳，所以我認為最有可能的情況是——吃飽撐死的。那為什麼七竅流血？可能是消化道破裂吐血，從嘴裡通到五官的其他地方吧！

這只能撐死。

既然乳酸和碳酸能毒死人，
那麼喝了大量的優酪乳和碳酸飲料，
是不是也能中毒而死？

亡者來訊　沉默的證據
自殺？謀殺？隨法醫的解剖刀來一趟重口味之旅

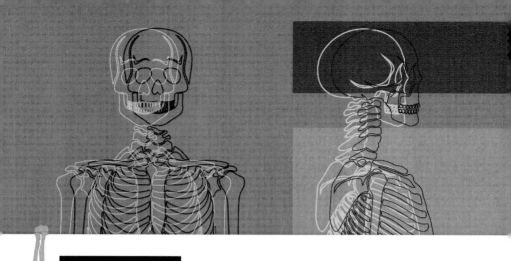

第五篇、
我們還會再見面

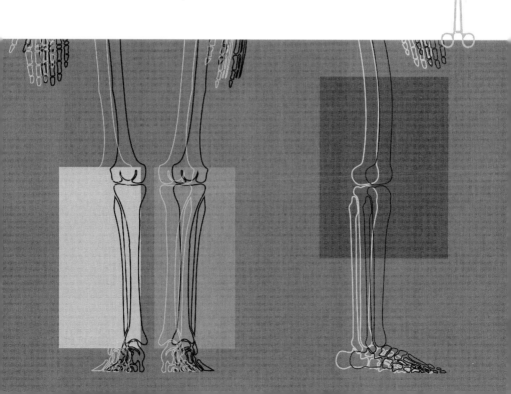

寫到這裡，這本史上最不正經的法醫書也接近尾聲了，但是我們的法醫學知識也只講了冰山一角，為了不和寫教材的同業搶飯碗，很多過於專業的東西我都沒有提，如果這本書能賣得不錯的話，我會在續集中接著講更多關於法醫學的知識。接下來，我就講一些和法醫學不太相關，但是和法醫這個職業本身比較相關的東西吧。

說點心理輔導

在完稿幾分鐘之前，我看到一篇文章。某女說：「前男友是殯儀館的入殮師，其他方面都很好，我和他分手的唯一原因是，他看到我睜著眼睛躺著時，都會習慣性的用手把我的眼皮闔上！」同樣，提起法醫這個職業，很多朋友心裡也會有點不舒服，更別提相親遇到這樣的人了，大多數對這個行業不了解的人都會覺得和他們過一輩子有點讓人難以接受。

我們很難透過一兩本書、一兩部電視劇在短時間內改變大眾的印象，所以很多時候就不得不「曲線救國」一下。其實，前文也說了，驗屍只是法醫工作的一部分，其他如驗傷、身分鑑定等也都是法醫會涉及的工作。所以如果你是法醫，相親時又不想讓對方帶著有色眼鏡看你，大可說自己是「犯罪證據鑑

定科學家」，這樣至少對方不會被嚇跑；當然如果相親對象是讓你很討厭的，那你就直接往重口味的地方說吧，雖然有些不厚道，別讓介紹人太難堪就行。

幾乎所有剛接觸工作的法醫人員，都難以接受解剖死者之類的事情，從而產生無法得出面積的心理陰影。在此，筆者作為擁有心理學碩士學位的專業人員，可以向大家介紹幾種簡單的自我或需要他人輔導的療法。

系統脫敏法

人看到死者或者其他殘斷的屍體時，都會有一些恐懼心理，這是一種正常的條件反射，也是一種天生的自我保護。我們的潛意識裡已經形成了這樣的慣性思維：這裡有死人＝這裡很危險，身體為了應對可能出現的威脅，馬上進入緊張的狀態。但是法醫實驗室的屍體其實沒那麼危險，這時候就要用系統脫敏法（systematic desensitization）來建立新的條件反射了。首先你需要學會做放鬆訓練，在安靜的環境中，選一個舒服的坐姿或者躺著，透過冥想、自我暗示、調整呼吸來放鬆自己全身的肌肉──沒錯，這和瑜伽很接近。在肌肉放鬆之後，你的神經也會跟著放鬆了。

這時候，你要把自己害怕的東西排個隊，還可以用數字表示害怕的程度，比如完全不害怕的狀態打 0 分，進入解剖室是 25 分，走近屍體觀察是 50 分，觸摸屍體是 75 分，親自動

手解剖屍體是 100 分，每兩個等級之間的害怕差別度大致相等。剛開始的時候，你可以靠想像來接觸這些不同等級的恐怖事物，從最初級開始，如果想到它就不由自主的緊張，那就停止想像，退回到較低的一級，直到不緊張為止。當想像已經無法阻止你前進的腳步時，接下來就該一步一步接觸真實的世界了。和想像一樣，也是從級別低的入手，逐步接近高級別的恐怖事物。

這種療法的原理，在神經學上被稱為交互抑制（reciprocal inhibition），透過不斷暴露，讓原本你覺得恐怖的事物對你逐漸失去作用。如果你覺得這個方法太慢，而你也覺得自己應該是個比較大膽的人，那麼你可以試試下面這種相對刺激的療法。

滿灌療法

滿灌療法（flooding therapy）又叫暴露療法（exposure therapy），和系統脫敏療法相反，這個療法不是讓你先接觸低級別的恐懼，而是一下子就讓你接觸最高級別的恐怖事物。接觸的方法可以是想像，可以是幻燈片，也可以是電影，最不濟的一直在他耳朵邊描述也行。這期間允許你有緊張的反應，但是不許採取搗耳朵、閉眼睛、大喊大叫等逃避措施，否則恐怖感會加劇。即使因焦慮緊張而出現心跳加劇、呼吸困難、面色發白、四肢冰冷等神經系統反應，可是你最擔心的可怕災難並沒有發生，多刺激一會兒，焦慮反應也就相應消退了。

這個療法看上去很不人道，身體不太好的讀者最好不要嘗試。精神科醫生在推薦這種療法之前，都要簽訂合約，以免之後出事。該療法起效比較快，但是弄不好會讓人變得更嚴重，所以一定要謹慎嘗試。

理性情緒療法

理性情緒療法（rational emotive therapy）屬於從認知層面的，基本理論為：引起人們情緒困擾的並不是外界發生的事件，而是人們對事件的態度、看法、評價等認知內容，因此要改變情緒困擾不是致力於改變外界事件，而是應該改變認知，透過改變認知，進而改變情緒。我們可以認為外界事件為 A，人們的認知為 B，情緒和行為反應為 C，因此其核心理論又稱 ABC 理論。外界事件本身並無好壞之分，關鍵是看我們怎麼看待它（彷彿一下子跳到哲學層面了），我們要訓練自己進行邏輯思維與分析，學會客觀、理性的思考，用以代替舊的非理性的思想。什麼是理性的信念呢？理性的信念大都是基於一些已知的客觀事實（死者僅僅是一具屍體），而非理性的信念則包含更多的主觀臆測成分（死者非常恐怖、噁心）；理性的信念能使人們保護自己，努力使自己愉快的生活（屍檢是一項需要做好的工作），非理性的信念則會產生情緒困擾（屍檢太恐怖了，我做不來）；理性的信念能使人更快達到自己的目標，非理性的信念則使人難以達到現實的目標而苦惱。關於怎麼樣營造理性的信念，常見的方法有：與非理性的信念辯論，緊緊

抓住思想中的非理性內容，透過不斷重複辯論，使自己感到為自己信念的辯護變得理屈詞窮；在頭腦中想像自己忍受不了的這些事情，以及前輩是如何應對的，逐漸讓自己的非理性情緒轉變為正向的理性情緒。我的敘說或許還不夠有說服力，如果你真的步入這一行業，希望你能多多向前輩學習。

關於自我心理輔導的方法還有很多，這裡只介紹幾種簡單易懂的。最關鍵的是，有事別憋著，就算不願意找同事或朋友說，也可以找心理諮商師，千萬別怕遭受歧視，因為你可能會發現：心理諮商師這個行業受到的歧視比你更多。唯一不同的是，在餐桌上吃飯時，大家都希望心諮師談談自己的工作，而希望法醫最好閉口不談自己的工作。

注意個人衛生

很多人會覺得法醫這個職業很不衛生，在都市傳說中，流行著屍體上帶有屍毒的說法。其實，這個說法完全不可靠，人體當中看不見的微生物主要是細菌和病毒，之前我們說過，病毒就像一個只會吃的嬰兒，如果人死了，體內循環停止，它很快也會跟著完蛋。而細菌就更不用想了，在研究細菌的專家和醫學專家的實驗室裡，細菌可能比你一輩子接觸到的都多。有

些打著科學名義的粉絲專頁總是說，動物死前由於高度緊張，體內會產生很多有毒物質，人吃了害處很大……其實就算動物死得心甘情願，體內還是會帶一點廢物，但只要是蛋白質類的東西，加熱烹煮之後就失效了。

但是，戴手套是必須的，不僅是為了不沾染屍體的臭味，也是為了防止自己的皮屑、毛髮落到屍體上，影響檢驗結果。試想一個檢驗屍體表皮 DNA 的實驗做完，最後報告上寫的檢驗結果指向法醫本人，這該有多麼尷尬啊。

其他要注意的還有戴帽子包住頭髮、穿上防護服、不要在現場流眼淚、挖鼻孔、隨地吐痰什麼的，應該都不用我說了，總之，注意個人衛生是很重要的。清潔自己的工具也同樣重要，萬一不乾淨，不僅有可能汙染鑑定樣本，還會引起衛生問題。有些人會問，解剖時不小心用刀劃破自己的手，該怎麼辦呢？這時候法醫會用大量的水沖洗，然後再用酒精棉消毒就好了。法醫界有這樣一個說法，就是被解剖刀切傷的時候，血流越多越好，因為血液大量往外湧，其他細菌之類的東西就無法進入。

另外，由於屍體內的蛋白質分解，會產生屍胺、腐胺、硫醇等難聞的化合物，和大部分難聞的化學藥品一樣，這幾樣東西也是有毒的，比如屍胺就是屍體臭味的主要來源，其毒性嘛……如果你往小白鼠嘴裡猛灌，最低致死劑量是 270mg/kg，不過之前認識了那麼多毒劑，你應該對這個數值不那麼心

驚肉跳了。純的屍胺是無色黏稠的漿液，像硝酸一樣會發出煙霧，煙霧可被人體吸入、食入或經皮吸收，高純度的情況下，對眼睛、黏膜、皮膚及呼吸道有強烈的刺激作用，會引起燒灼傷。屍胺吸入呼吸道後，可能引起咽喉、支氣管的炎症、痙攣、水腫、肺水腫或化學性肺炎甚至導致死亡。人中毒後有咳嗽、喘息、氣短、咽炎、頭痛、噁心或嘔吐等症狀，不過請放心，這種物體的提煉沒那麼容易，大概不會有人想提煉出足夠量的屍胺來害人，說不定在提煉過程中自己就先被熏死了。最後偷偷告訴你，生物活體在生命代謝中也會產生少量的屍胺，尿液與精液的特殊氣味有一部分原因就是因為它。而腐胺也是人活著的時候就會產生的，它在胃腸道黏膜上皮細胞遷移、增殖和分化過程中發揮著重要的作用，只是屍體中這個東西含得更多，不過也沒你想像的那麼多，因為腐胺在空氣中如果達到十萬分之幾的濃度，就可以把人給嗆暈了。硫醇也是屍體中常見的一類惡臭氣體，可以分為甲、乙、丙、丙二等許多種，大鼠口服的半數致死量為 682mg/kg（真是心疼這些被臭死的老鼠），其毒性比屍胺和腐胺要弱一點，當提純之後被人攝取，則主要作用於中樞神經系統。人們在吸入低濃度硫醇蒸氣時會引起頭痛、噁心；較高濃度出現麻醉作用；高濃度會引起呼吸麻痺致死。中毒者不僅會噁心、嘔吐、腹瀉，還會損傷腎臟，出現蛋白尿及血尿。更危險的是，硫醇蒸氣與空氣可形成爆炸性混合物，遇明火、高溫極易燃燒爆炸，與氧化劑接觸也會產生猛烈反應，如果接觸酸和酸霧，還會產生有毒氣體，即便是與水、水蒸氣接觸也會反應，放出有毒的或易燃的氣體。由於

其蒸氣比空氣密度大，能在較低處擴散到相當遠的地方，遇明火會引起回燃；若遇高溫，容器內壓增大，有開裂和爆炸的危險。這麼說，死者似乎可以作為製作炸彈的原料了，不過第一純度不夠高，第二死者的外皮不夠結實，弄不好炸自己一身腐爛液體可就難以收拾了。這些液體如果黏在身上，臭味會好幾天都洗不掉，所以再不講究的法醫也會戴著手套進行作業。至於其他什麼嚼香菜，往鼻子周圍塗抹生菜油之類讓自己少受一些惡臭侵襲的偏方，那就多了去了，基本每個法醫團隊都有自己的妙招。不過，最關鍵的還是戴上雙層口罩！情節嚴重的就戴一些簡單的防毒面具，肯定能擋住！

請勿隨意模仿

　　雖然大部分人的心中，對法醫還是拒絕的，但是隨著很多刑偵推理電視劇的推波助瀾，越來越多的朋友也開始對這一行感興趣了，甚至有些大膽的想親自試一試，其實你們不是一個人，早在文藝復興時期，偉大的藝術家、科學家李奧納多·達文西（沒錯，在這本書裡你總能看到這個熟悉的名字）就和幾個好基友半夜挖墳，偷屍體解剖來研究，當然人家是為了更好的作畫……不過，不管是古代還是現代，私自毀壞屍體是違法的，是違法的，是違法的！重要的事情說三遍。

如果你想在自己家裡練習解剖，可以先從魚類開始，但是，一定要讓比較有經驗的家人在旁邊指導！個頭適中的鯉魚或者鯽魚都是不錯的選擇，因為這些魚身體比較扁，側著躺下很穩當，而鯰魚什麼的就容易亂滾了，身上還很滑。這些魚的內臟排列也比較清晰，切掉單側後，可以一目了然看到各個重要器官。一樣一樣拿出來後，這條魚或清蒸，或煎炸，都隨你，鍛鍊解剖技巧的同時還鍛鍊你的廚藝了。別笑啊，很多法醫專業的學生最初在學校時也是這麼練習的，慢慢上手的還有兔子、狗等，有錢一點的學校還有可能用到猴子，到最後才會用到人的屍體來練習。練習用的屍體一般都是死者生前同意或家屬同意捐贈的，這些死者被尊稱為「無語良師（silent mentor）」。

　　在解剖任何動物的時候，首先一定要保證這個動物已經死了，否則慘無人道不說，掙扎的時候還容易把你給弄傷。然後準備解剖刀、解剖盤、剪刀等工具，必要的時候旁邊可以放一幅指導的畫或者標本。解剖魚的時候先從肛門前端插入剪刀的刀尖，然後沿腹部中線逐步剪切，到咽喉處再沿著「肩部」往上走，最終去除一側的體壁。在這個過程中，一定要小心翼翼，不要弄破了魚的內臟，以免耽誤觀察。別的不說，弄破了苦膽，這魚肉你還吃不吃了？

　　當然，這都是小練習，當你之後剖什麼動物都能很輕鬆隨意時，哪一天走上醫院的手術台或者法醫的解剖手術台，就會容易很多。

後記

感謝各位讀者耐心讀完本書。

這本書的創作是我的一次大膽嘗試，所有知識點都來自相關文獻。由於時間倉促，本書中還有許多法醫知識未向大家介紹，今後如有機會，將會在其他書中詳細解析。本書旨在寓教於樂，希望能激發讀者的興趣，培養相關的探索精神。

本人並非法醫學專家，因查找文獻過程中可能造成的疏漏或誤解導致如書中出現謬誤之處，還請各位讀者批評指正。

本書在成書過程中，經歷了很多艱辛磨難，這裡指的不是查資料和寫文的艱辛，而是各種意外事件，如急病住院，左右手幾次受傷，和戀人多次產生誤會等，但這些都無法阻擋這本書的誕生，現在這本有些不走尋常路的書終於完成了。

最後，感謝在出書過程中一直陪伴我的檸檬妹妹，幫助我四處收集文獻的多位同學，感謝陳儉老師，為本書的科學性把關，以及盡心盡力修改書稿的張老師，沒有大家的支持，就沒有本書的誕生。也謝謝所有參與成書過程中的朋友和所有讀者的支持，我今後將會寫出更多高品質的書籍回饋大家。

官網

國家圖書館出版品預行編目資料

亡者來訊　沉默的證據：自殺？謀殺？隨法醫
的解剖刀來一趟重口味之旅 / 王朕乂 著 . -- 第
一版 . -- 臺北市 : 清文華泉 , 2020.12
　　面；　公分
ISBN 978-986-5552-24-4(平裝)

1. 法醫學 2. 法醫師 3. 鑑識

586.66　　109014664

亡者來訊　沉默的證據：
自殺？謀殺？隨法醫的解剖刀來一趟重口味之旅

作　　　者：王朕乂
編　　　輯：柯馨婷
發 行 人：黃振庭
出 版 者：清文華泉事業有限公司
發 行 者：清文華泉事業有限公司
E - m a i l：sonbookservice@gmail.com
粉 絲 頁：https://www.facebook.com/sonbookss/
網　　　址：https://sonbook.net/
地　　　址：台北市中正區重慶南路一段六十一號八樓 815 室
Rm. 815, 8F., No.61, Sec. 1, Chongqing S. Rd., Zhongzheng Dist., Taipei City 100,
Taiwan (R.O.C)
電　　　話：(02)2370-3310　　　傳　　　真：(02) 2388-1990
印　　　刷：京峯彩色印刷有限公司（京峰數位）

—— **版權聲明** ——

定　　　價：280 元
發行日期：2020 年 12 月第一版

臉書

蝦皮賣場